सूरजपाल चौहान की आत्मकथाओं में दलित-विमर्श

श्री नटराज प्रकाशन

ए-507/12, साउथ गामड़ी, एक्स : दिल्ली-110053

सूरजपाल चौहान की आत्मकथाओं में

दलित-विमर्श

डॉ. खन्नाप्रसाद अमीन

श्री नटराज प्रकाशन

दिल्ली-110053

प्रकाशक

श्री नटराज प्रकाशन

ए-507/12, करतारनगर, बाबा श्यामगिरी मार्ग

साउथ गामड़ी, एक्सटेंशन, दिल्ली-110053

फोन : 011-22941694

ISBN : 978-81-89997-91-5

प्रथम संस्करण : 2011

मूल्य : 250.00 रुपये

शब्द-संयोजन : क्वालिटी प्रिंटर्स, दिल्ली-110032

मुद्रक : सलमान ऑफसेट प्रेस, दिल्ली-110053

भारत में मुद्रित : Surajpal Chauhan ki Aatmakathao me Dalit Vimarsh *by* Dr. Khannaprasad Amin

श्री नटराज प्रकाशन, ए-507/12, करतार नगर, बाबा श्याम गिरी मार्ग, साउथ गामड़ी, (एक्स.), दिल्ली-110053 से टी.एस. राघव द्वारा प्रकाशित, क्वालिटी प्रिंटर्स द्वारा शब्द संयोजन एवं आवरण सज्जा तथा सलमान ऑफसेट प्रेस, मौजपुर, दिल्ली-110053 द्वारा मुद्रित।

पहली प्रति

मेरी अर्धांगिनी

'शर्मिष्ठा' को–

जिनकी जागरुक साधना एवं सहयोग से

साहित्य के प्रति

और अधिक उजागर

होने की पूरी संभावना है।

–डॉ. खन्नाप्रसाद अमीन

अनुशंसा

बीसवीं शताब्दी के उत्तरार्द्ध में जब दलित साहित्य ने हिंदी साहित्य के सिंहद्वार पर अपनी दस्तक दी तो नामी-गिरामी स्थापित साहित्यकारों-आलोचकों ने उसके प्रति सकारात्मक दृष्टिकोण और स्वीकार भाव के बदले बड़ी शंका-कुशंका से देखा और नाक-भौं भी सिकोड़ा। यह बात अलग है कि हिंदी साहित्यकारों की शंका-कुशंका और नाक-भौं सिकोड़ने के बावजूद दलित साहित्य ने धीरे-धीरे अपनी पहचान बनायी और स्वीकृति भी हासिल की। दलित साहित्यकारों की अपनी कुछ उलझनें और अंतर्द्वंद्व रहे हैं। उनमें कुछ दलित साहित्य के प्रति विशुद्धतावादी दृष्टिकोण रखते हैं, मसलन दलित समाज की पीड़ा को भोगनेवाला ही सिर्फ दलित साहित्य लिख सकता है। कुछ दलित विमर्शकार उदारतावादी दृष्टिकोण से ताल्लुक रखते हैं और वे इस बात को मानते हैं कि दलित के अलावा गैर दलित भी दलित साहित्य लिख सकता है। दलित विमर्श क्या किसी भी विमर्श में सामान्यतः दो तरह की मानसिकता के विचारक रहते हैं दलित साहित्यकारों के दोनों खेमें एक बात में एक मत हैं कि सही अर्थों में दलित साहित्य वह है जो डॉ. भीमराव अम्बेडकर के दर्शन से संचालित और उनके बुनियादी लक्ष्य का हामीदार हो। अम्बेडकरी दर्शन की सजग दृष्टि और चेतना से शून्य दलित जीवन केंद्रित साहित्य को दलित साहित्य नहीं कहा जा सकता। यहाँ तक दलित लेखक भी यदि दलित जीवन को अपने लेखन का आधार बनाता है लेकिन वह अम्बेडकरी दर्शन की चेतना से संपन्न नहीं है तो उसका लेखन भी दलित साहित्य नहीं कहा जा सकता। यही दूसरी संभावना के लिए जगह बनती है कि यदि कोई सवर्ण समाज से तालुक रखनेवाला लेखक अम्बेडकरी दृष्टि से दलित साहित्य का लेखन करता है तो वह दलित साहित्य कहा जायेगा। लेकिन यदि वह दलितों का अम्बेडकर की दृष्टि से नहीं, बल्कि करुणा, सहानुभूति के चलते चित्रण करता है तो वह भी दलित

साहित्य नहीं कहा जा सकता है। इसी प्रकार दलित जीवन का प्रामाणिक चित्रण केवल दलित लेखक ही दे सकता है, इसमें सच्चाई तो है, लेकिन आंशिक है, कारण कि दलित मात्र का व्यक्तिगत अनुभव हर दलित लेखक का अनुभव नहीं हो सकता है। हाँ जिनका संबंध सामाजिक सच्चाइयों से है, वह अवश्य उसका भी अनुभव हो सकता है, जैसे अस्पृश्यता, गरीबी, अशिक्षा आदि। इसलिए साहित्य, दलित का हो या स्त्री का या सवर्ण लेखकों का कुछ न कुछ पर काया प्रवेश की आवश्यकता रहती है। संभावना से एकदम नकार और विशुद्धता का दुराग्रह दलित साहित्य क्या, किसी भी साहित्य के लिए घातक है। उदारतावाद का सरलीकरण, संभावना की ओट लेकर सबको गुड़-गोबर करने की चालाकी से भी खबरदार रहने की जरुरत भी कम नहीं है।

दलित साहित्य में दलित आत्मकथाओं ने अपनी विशेष पहचान और साख, दोनों पाठकों-आलोचकों के बीच बनायी है। कारण यह है कि इन आत्मकथाओं में भारतीय समाज के सबसे निचले पायदान के लोगों के अनदेखे-अनछुए जीवन की क्रूर सच्चाइयों का आत्म साक्षात्कार है और इन क्रूर सच्चाइयों का संबंध जितना निजी तौर पर है उतना सामाजिक तौर पर भी। मोहनदास नैमिशराय, ओमप्रकाश वाल्मीकि, सूरजपाल चौहान आदि की आत्मकथाएँ अपनी वस्तु, शिल्प, अभिव्यक्ति में इसीलिए सवर्ण लेखकों की आत्मकथाओं से बिल्कुल अपनी अलग पहचान रखती है। 'अस्पृश्यता' के किसी सवर्ण लेखक की आत्मकथा में कोई माने नहीं है, लेकिन दलित आत्मकथाकार इस सामाजिक नागफनी की पीड़ा का जन्म से लेकर मृत्यु तक करता है। मुझे ऐसा लगता है कि दलित समाज में जन्मा-पला-पढ़ा विद्यार्थी और जीवन की क्रूर हकीकतों से गुजरा विद्यार्थी दलित आत्मकथाओं पर अपेक्षाकृत संवेदनशीलता और ईमानदारी से काम कर सकता है। खन्नाप्रसाद अमीन का वास्ता इसी समाज से हैं। उन्होंने सूरजपाल की दोनों आत्मकथाओं 'तिरस्कृत और संतप्त' पर बड़ी लगन, मेहनत और ईमानदारी से काम किया है। अभी वे सीख रहे हैं इसलिए पूर्णसिद्धि के अहंकार से दूर हैं। मुझे विश्वास है कि हिंदी के विद्वान अध्यापक इनके कार्य से परिचय पाकर कुछ लाभ में ही रहेंगे, घाटे में बिल्कुल नहीं।

दिनांक : 15 दिसंबर, 2010

प्रो.दयाशंकर
स्नातकोत्तर हिंदी-विभाग
सरदार पटेल विश्वविद्यालय
वल्लभ विद्यानगर–388120

मेरी कलम से...

राष्ट्रपिता महात्मा गांधी की 'सत्य के प्रयोग' आत्मकथा, डॉ. अम्बेड़कर का 'हू वेयर शूद्राज, हाऊ दे फेम टू वी दि फोर्थ वर्ण इन दि इंडो-एशिया सोसायटी' और धनंजय कीर का 'डॉ. अम्बेड़कर लाइफ एण्ड मिशन' आदि ग्रंथों के पढ़ने से मुझे किसी विद्वान या साहित्यकार की जीवनी या आत्मकथा पढ़ने के प्रति मेरा उत्साह बढ़ा। प्रामाणिकता एवं साहस के साथ आत्म का चित्रण करना साधारण बात नहीं हैं। आत्म का चित्रण करना अपने आप में ही नहीं समूचे साहित्य संसार में प्रेरणास्वरूप एवं उल्लेखनीय कार्य है। किसी विद्वान या व्यक्ति विशेष की आत्मकथा पढ़ने के प्रति किसकी रुचि नहीं होती? आत्मकथा के अंतर्गत लेखक के जीवन के खट्टे-मीठे अनुभव तो चित्रित रहते ही हैं साथ ही इन्हीं अनुभवों से प्रेरणास्पद बातें हमें अपने जीवन में उतारने से जीवन जीने की नयी दिशा मिलती हैं।

'दलित साहित्य' के प्रेरणा पुरुष डॉ. अम्बेड़कर को माना जाता है। वे एक व्यक्ति नहीं विचार थे, भविष्य दृष्टा थे, आधुनिक युग के महान तपस्वी थे, सदियों से शोषित-पीड़ित दलित जनता के ताड़नहार थे, सच्चे इंसान, मानवता के पुजारी और महामानव थे। उनका मन, वचन और कर्म का संदेश हमारी अमूल्य धरोहर है। इसलिए डॉ. अम्बेड़कर और दलित पर लिखा गया साहित्य पढ़ना–लिखना मेरी विशेष रुचि हो गई है। मेरी जिज्ञासा जानकर मेरे गुरु प्रो. दयाशंकर त्रिपाठी जी और डॉ. पी. एस. भोई साहब ने सूरजपाल चौहान की आत्मकथाएं 'तिरस्कृत और संतप्त' पर काम करने का सुझाव दिया। यह आत्मकथाएं सूरजपाल चौहान की ही हैं किंतु इनमें वर्णित कई प्रसंगों पढ़ने से पता चला कि सूरजपाल के साथ पूरे भारतीय दलित समाज की आत्मकथाएं कहा जाये तो भी गलत नहीं हैं। इस आत्मकथाओं ने मुझे बहुत प्रभावित किया। उसके बाद मैंने 'सूरजपाल चौहान की आत्मकथाओं में दलित-विमर्श' विषय पर पुस्तक लिखने का निश्चय किया।

प्रस्तुत पुस्तक हिंदी के दलित आत्मकथाकारों में प्रसिद्ध आत्मकथाकार श्री सूरजपाल चौहान जी की 'तिरस्कृत और संतप्त' आत्मकथाओं पर आधारित है। इनकी आत्मकथाओं को पढ़कर साधारण पाठक भी बेचैन हुए बिना नहीं रह सकता। सूरजपाल चौहान जी के आत्मकथा साहित्य के प्रति रूझान और प्रेरणा का ही अनुसंधानपरक प्रतिफल है प्रस्तुत पुस्तक।

सूरजपाल चौहान समकालीन हिंदी साहित्य के जानेमाने दलित साहित्यकार हैं। आत्मकथा साहित्य में उनका स्थान बेजोड़ है। उनके समकालीन महान साहित्यकार कमलेश्वर, नामवर सिंह, राजेंद्र प्रसाद यादव और अन्य साहित्यकारों में डॉ. धर्मवीर, प्रो. काशीनाथ सिंह, प्रो. दयाशंकर त्रिपाठी इत्यादि ने सूरजपाल की मुक्त कंठ से सराहना की है। अपनी समकालीन युग–परिस्थितियों, अपने रचनात्मक जीवन से निस्तृत अनुठे अनुप्रेरित जीवन-वृत्तों, क्षणों का एवं अतीत की अनुभूतियों का एक अपूर्व 'दस्तावेज' है यह आत्मकथा साहित्य। उनके एक-एक प्रसंग ने मुझे मंत्रमुग्ध कर दिया हैं। सहज और सरल, आंचलिक और शहरी जीवन की भाषा शैली साधारण व्यक्तियों को भी प्रभावित करें बिना नहीं रहती।

'तिरस्कृत और संतप्त' आत्मकथाएँ केवल दलित पाठकों के लिए ही नहीं किंतु समस्त भारतीय साहित्य समाज के लिए सहानुभूति परक एवं प्रेरणादायी रचनाएं मानी जाती हैं। आत्मकथाकार ने साहस एवं प्रामाणिकता से जीवन के प्रत्येक प्रसंगों का खुला चित्रण किया है। भारतीय सवर्ण समाज के एक बड़े वर्ग को वर्ण-व्यवस्था के अंतर्गत ब्राह्मणवादी व्यवस्था, पूंजीवादी व्यवस्था के अनुसार सदियों से दलन-शोषण किया जाता रहा, उसे सभी मानवाधिकारों से वंचित कर उसके साथ अमानवीय व्यवहार किया जाता रहा है। इन सबका विश्लेषण सूरजपाल चौहान ने अपनी सरल भाषा-शैली और साहस के साथ आत्मकथाओं में चित्रण किया है। इसमें काल्पनिकता को स्थान नहीं है किंतु भोगी हुई स्वानुभूतियों को प्रामाणिक सत्य के साथ उद्घाटित की गई है।

प्रस्तुत पुस्तक मेरा एक प्रयास है। इसलिए इसमें त्रुटियाँ होने की संभावनाएँ हो सकती है। मैं भी मानता हूँ कि कोई भी रचना लेखक का अंतिम सत्य नहीं होती। सवाल और विचार उठे, इसलिए भी जरूरी है कि इससे 'दलित-विमर्श' की परंपरा और मजबूत होती हैं। जिसे विद्वजन पढ़ें और उनमें रही त्रुटियों का अंगूली निर्देश करें। अपने प्रयास में मैं कहाँ तक सफल हो पाया हूँ, इसका निर्णय तो प्रबुद्ध पाठकगण ही कर सकेंगे।

इस पुस्तक में अनुशंसा लिखने हेतु जब मैंने मेरे गुरु प्रो. दयाशंकर त्रिपाठी

जी से अनुरोध किया, तो अपने अत्यंत मूल्यवान समय में से कुछ समय मेरे लिए निकालकर अनुशंसा लिखा, इसके कारण मैं उनका बहुत ऋणी हूँ।

इस पुस्तक को लिखने में मुझे मेरी पत्नी 'शर्मिष्ठा' का भी सहयोग रहा है, मैं उनका आभारी हूँ। माता-पिता के ऋण से तो जीवन भर उऋण नहीं हुआ जा सकता। अतः इनका आभार व्यक्त करना अनुचित होगा। मेरे जीवन की हर साँस इनकी ऋणी है और हमेशा रहगी। पुत्री क्रिष्ना और पुत्र प्रश्नार्थ इस पुस्तक को लिखते समय बहुत जिज्ञासु बने रहे हैं कि पप्पा, क्या लिख रहे हैं? इस पुस्तक को देखकर उन्हें हर्ष होगा कि यह हमारे पप्पा ने लिखी हैं। उनका यह हर्ष मेरे लिए जीवन का आनंद होगा। मुझे पुस्तक लिखने के लिए सदा प्रोत्साहित करने वाले मेरे बड़े भाई अमृतभाई का भी मैं आभारी हूँ। साथ ही मैं श्री. टी. एस. राघवजी को धन्यवाद देना चाहूँगा, जिनके प्रयास एवं सहयोग के बिना पुस्तक का प्रकाशन संभव न हो पाता।

इस कार्य में प्रत्यक्ष और परोक्ष रूप में सहायक होने वाले प्रत्येक विद्वजन के प्रति मैं आभार व्यक्त करना अपना कर्तव्य समझता हूँ।

इस समय डॉ. कुसुम वियोगी की कविता जो सोते हुये दलितों को जगाने का आह्वान कर रही हैं। इस कविता को मैं यहाँ याद करना उचित समझता हूँ। कवि कहता है–

"आओ आज करें, संघर्ष
उसी से
जिसने किया अलंकृत
और, हमें बनाया अछूत
जागो! अरे... दिन जागने के लिए होता है
और रात सोने को
मगर, तुम कितने बेशर्म हो
दिन रात सोते हो
क्योंकि
तुम भूल गए हो
अपने अँधेरे का इतिहास।"

यह पुस्तक आपको कैसा लगा? इसके बारे में विद्वान पाठकों के विचार मेरे लिए उपयोगी होगा, उत्साहवर्द्धक और प्रेरणादायी भी।

–डॉ. खन्नाप्रसाद अमीन

अनुक्रम

आत्मकथा : अवधारणा, स्वरूप और विकास

आत्मकथा हिंदी गद्य साहित्य की आधुनिक विधाओं में से एक विकासशील विधा हैं। एक लंबे समय से हिंदी साहित्य में आत्मकथाओं का लेखन हो रहा है। ये आत्मकथाएँ प्रायः उम्र के अंतिम पड़ाव पर आकर लिखी जाती है। आत्मकथा में लेखक अपने जीवन को पीछे मुड़कर देखता है। इसमें लेखकों के निजी जीवन के दुःख, तकलीफ और संघर्ष के साथ-साथ समकालीन समाज, राष्ट्र और संस्कृति के द्वंद्व और हलचलों, आर्थिक और राजनीतिक गतिविधियों आदि का भी परिचय देते हैं। 'आत्मकथा' आत्मकथाकार की सच्ची कथा या कहानी होती है। आत्मकथा यानी हिंदी गद्य-साहित्य की एक ऐसी विधा है जिसमें रचनाकार आत्म (अपनी) कथा कहता हो।

आत्मकथा में आत्म-तत्त्व अधिक गहन, रागपरक एवं क्रमबद्ध होता है। यानी लेखक की आत्माभिव्यक्ति ही मूल होती है। इसमें लेखक की पूर्ण मानसिकता विद्यमान रहती है। हालांकि गद्य की सभी विधाओं में (संस्मरण, जीवनी, रेखाचित्र, डायरी, रिपोर्ताज, यात्रावृत्त, पत्र इत्यादि) आत्मकथन की मानसिकता पाई जाती है, किंतु विधा के स्वरूप में 'आत्मकथा' की एक अलग पहचान है : जैसे हिंदी गद्य-साहित्य की विधाएँ उपन्यास, कहानी, संस्मरण, रेखाचित्र, यात्रावृत्त, जीवनी, पत्र आदि हैं और शैली-यानी लिखने का तरीका। कोई विधा आत्मकथात्मक शैली में लिखी जा सकती हैं जहां 'मैं' की अभिव्यक्ति हो, वहाँ आत्मकथात्मक शैली है। इस मायने में 'डॉ, हजारीप्रसाद द्विवेदी' कृत उपन्यास 'बाणभट्ट की आत्मकथा' दृष्टव्य हैं आधुनिक हिंदी गद्य की अनेक विधाएँ ऐसी हैं, जिनका स्वरूप पूर्ण रूप से स्पष्ट नहीं हो पाया है। गद्यगीत, रेखाचित्र, संस्मरण, यात्रा, इंटरव्यू, आत्मकथा जीवनी पत्र, रिपोतार्ज आदि ऐसी विधाएँ हैं जो आधुनिक युग में विकसित हुई है। इनमें से गद्यगीत तो एक व्यतीत विधा बन गई है। संस्मरण,

रेखाचित्र, जीवनी, यात्रा, डायरी, आत्मकथा आदि विधाएँ तो आपस में इस प्रकार धुल मिल गई है कि उन्हें अलग करना भी असंभव हो जाता है। इन सभी विधाओं का भली-भांति अध्ययन करना आवश्यक है। वर्तमानयुग में महात्मा गांधी की 'आत्मकथा' एक आदर्श श्रेष्ठ और मार्गदर्शक आत्मकथा बन सकी है।

आत्मकथा के द्वारा अपने बीते हुए जीवन का सिंहावलोकन और एक व्यापक पृष्ठभूमि में अपने जीवन का महत्त्व दिखलाया जाना संभव है। आत्मकथा उसी कृति को माना जा सकता है जिसमें लेखक ने अपने संपूर्ण जीवन का या जीवन के किसी विशिष्ट अंश का क्रमबद्ध रूप से वर्णन किया हो। आत्मकथा प्रधानतः दो उद्देश्यों से लिखी जाती है। एक-आत्म-निर्माण को जानने या स्वयं की स्थिति का अन्वेषण करने के उद्देश्य से। दो-स्वयं के अनुभवों का लाभ अन्य लोग भी उठा सकें—इस उद्देश्य से। प्रथम में आत्म-परिष्कार की भावना प्रधान रहती है। आत्मकथा लेखक ईमानदारी के साथ अपने जीवन, व्यक्तित्त्व, विचारों और भावनाओं के शुभाशुभ दोनों पक्षों का अंकन करता हुआ अपने विगत जीवन का सच्चा और पूरा लेखा-जोखा प्रस्तुत कर देता है।

जीवनी और आत्मकथा

'जीवनी' और 'आत्मकथा' दोनों ही जीवन-साहित्य के अंतर्गत गिनी जाने वाली गद्य विधाएँ हैं। जीवनी जहाँ दूसरे व्यक्ति द्वारा लिखी जाती हैं, वहाँ आत्मकथा स्वयं लिखी जाती हैं। आत्मकथा में आत्मनिरीक्षण तथा आत्मपरीक्षण होता है। जिस प्रकार संस्मरण में लेखक की निजी प्रतिक्रिया का महत्त्व है और रेखाचित्र में तटस्थ चित्रण, उसी प्रकार जीवनी व आत्मकथा में अंतर है। जीवनी साहित्य के मुख्यः दो भेद किये जाते हैं—(1) आत्मकथा (2) परकथा अर्थात् जीवनी। 'एक सफल चरित्र लिखना उतना ही कठिन है, जितना कि एक सफल जीवन अपने आप में निभाना'। क्लाईव का उक्त कथन इसलिए सही है, क्योंकि आत्मकथा एक सुखद कार्य तो है—आत्मकथा में आत्म-विज्ञप्ति का अवसर मिल जाता है—परंतु कठिन भी इसलिए है, क्योंकि उसमें लेखक को निष्पक्ष होना पड़ता है, कटु सत्यों का उद्घाटन करना पड़ता है और इसलिए 'आत्मकथा की रचना के लिए खुला हुआ मन जो अपनी समस्त दुर्बलताओं को स्वीकार कर सके, आवश्यक है।'[1]

हमारे मन में सवाल जरूर पैदा होते हैं कि आत्मकथा क्यों लिखी जाए, क्यों पढ़ी जाए ऐसे प्रश्नों पर विचार करना आवश्यक है। मूलतः हम कह सकते

हैं कि कोई साधारण व्यक्ति तो आत्मकथा लिखेगा नहीं और लिखें भी तो कोई पढ़ना नहीं चाहेगा। सच कागज और कलम का भी अजीब रिश्ता होता है। कुछऐसे भाव, अनुभूतियाँ होती हैं, जिन्हें हम सीधे, मनुष्य के सामने व्यक्त नहीं कर पाते, तब इन्हीं कागज और कलम के साथ हमारी मानसिकता जुड़ जाती है। कोई साधारण व्यक्ति ही आत्मकथा लिखेगा, उसमें कुछ ऐसा है जिसे वह कलात्मक ढंग से हमारे सामने रखता है और उसके विषय में हम जानने को उत्सुक रहते थे। उसके अपने निजी जीवन अनुभव, जिन्हें वह पचा नहीं पाता, उन्हें लिखकर वह संतुष्टि महसूस करता है, उसे इस बात की परवाह कम ही रहती है कि हर व्यक्ति उसकी आत्मकथा को पढ़ने में दिलचस्पी ले। आत्मकथा में दो बातें मुख्य रहती हैं कथ्य और अभिव्यक्ति।

आत्मकथा में आत्मकथाकार भोगा हुआ यथार्थ लिखते हैं।

(अ) कथ्य

आत्मकथा के कथ्य में लेखक का आत्म-तत्त्व एवं वैयक्तिक जीवन होता है। ये उसके जीवनगीत होते हैं। अतः जो लेखक अपने गुण-दोषों एवं अनुभवों को स्पष्ट रूप से प्रस्तुत कर सकें, वही सच्चा आत्मकथाकार होता है।

(ब) अभिव्यक्ति

आत्मकथा में अभिव्यक्ति हेतु वस्तुनिष्ठ आलोचना का होना, जरूरी है। 'रचनात्मक आलोचना का नाम ही आत्मकथा है।' आत्मकथा लिखते समय लेखक इतना भी खुल्लम-खुल्ला न लिखने लगे कि वस्तुनिष्ठ को भूल बैठे।

अतः आत्मकथा वह साहित्य है जिसमें लेखक अनुभव-जगत का अनुभव कर रहा है, पूर्ण विवरण देता है। अपने विषय में लिखे गए संस्मरणों का अधिक व्यवस्थित और विस्तृत रूप ही आत्मकथा कहलाती है। आत्मकथा की रचना में वही रचनाकार प्रवृत्त हो सकता है, जिसने युग परिवेश के एक व्यापक आयाम को जिया-भोगा हो और उसके वैयक्तिक जीवन में भी देश, काल, समाज और मानवीय संवेदन का गतिशील रूप साकार और आत्मसात हुआ है जिस देशकाल से संबंद्ध व्यक्ति चित्रण डॉ. सूरजपाल चौहान ने किया है, वह देशकाल पूरा सजीव और जीवंत, मूर्त और प्रत्यक्ष हो गया है। यही आत्मकथा की संप्रेषणीयता का दायित्व है, और यही उसकी रोचकता और सरलता का रहस्य भी।

आत्मकथा की अवधारणा या परिभाषा

साहित्यजगत के अनेकानेक विद्वानों ने 'आत्मकथा' के चित्र खींचने का प्रयास किया है। आत्मकथा उसी कृति को माना जा सकता है, जिसमें लेखक ने अपने संपूर्ण जीवन के किसी विशिष्ट अंश का क्रमबद्ध रूप से वर्णन किया है। आत्मकथन में लेखक की मानसिकता और आत्मीयता ही मूल होती है।

पाश्चात्य विद्वान Richard and Mallary के शब्दों में आत्मकथा–

"The outobiographies presented in the velume are among the creat and enduring literary documents. Those reletions are there for commenly of most value in wich the write tells him own story... He that speake of himself has no motive to falsehood partility excert selflove, by which all hare so often been betrayed that we are on the watch against its srticaces."[2]

संस्कृत शास्त्रों में आत्मकथा के रूप का आभास हम संस्कृत गद्य के 'आख्यायिका' नामक भेद में पा सकते हैं, जिसमें कल्पना, प्रणव एवं रागपरक वैयक्तिक अनुभूति का प्राध्यान्य होता है। बाणभट्ट रचित 'हर्षरचित' इसका अनुपम निदर्शन है।

हिंदी-साहित्य के आधुनिक विद्वान डॉ. नगेंद्र आत्मकथा के विषय में कहते हैं कि 'जहाँ तक आत्मकथा लिखने का उद्देश्य है, उसमें एक ओर आत्मनिरीक्षण या आत्मपरीक्षण होता है, और दूसरी ओर अतीत की स्मृतियों को पुनर्जीवित करके निश्चय अपनी स्थिति का स्पष्ट दर्शन करना या अपने अनुभवों से दूसरों को लाभान्वित करना होता है। इसलिए आत्मकथा को 'आत्मरचित' या आत्मकहानी भी कहा जा सकता है।"[3]

डॉ. हरदयाल आत्मकथा के विषय में अपनी राय इस प्रकार देते हैं–'अति संक्षिप्त रूप में हम यों कह सकते हैं' कि आत्मकथा स्वयं के अनुभव पर आधारित वे अनुभूतियों हैं, जो लेखन-क्षमता से युक्त है इसमें आत्मकथा लेखक को अपने अकेलेपन से मुक्ति मिलती है, स्मृतियों का बोझ हल्का होता है, अहं की तुष्टि होती हो, और इस बात का सुख मिलता है कि शायद कोई उसके जीवन से प्रेरणा ग्रहण करें, कुछ शिक्षा लें।"[4]

डॉ. रमेश गुप्त लिखते हैं कि–

'किसी एक व्यक्ति द्वारा लिखा गया अपना जीवन-चरित्र जब तक रस, साधारणीकरण, औदात्य, अनुकरण, लोकमंगल, भावविहलता, वैयक्तिक आदि की

अपेक्षाएँ पूर्ण करता, तब तक वह काव्य की परिधि में प्रवेश नहीं कर पाता तब तक आत्मकथा नहीं कहा जा सकता।''[5]

डॉ. नवलकिशोर भाभड़ा के मतानुसार–

'रचनात्मक आत्मलोचन का नाम ही आत्मकथा है।'

हिंदी साहित्य की गद्य-विधा में 'आत्मकथा' का विकास तीव्रता से नहीं हो पाया है। क्या कारण है कि आज हिंदी जगत में अनेकानेक मनीषी या विद्वजन होते हुए भी आत्मकथा लिखने की प्रवृत्ति कम ही मिलती है। इसी कारण आज के हिंदी समीक्षक यह टिप्पणी करते हुए देखे गये हैं–

'ध्यान डालिए, पुस्तकालयों की ओर देखिये कि कितनी कम आत्मकथाएँ लिखी गई हैं। और जो लिखी भी गई हैं, उनमें भी बराबर की ठेलाठेली का ही चित्रण अधिक है, भीतर चलनेवाले ऊहापोह का कम।''[6]

डॉ. नगेंद्र 'आत्मकथा' विधा का विकास सुव्यवस्थिति ठंग से न हो पाने का कारण बताते हुए लिखते हैं कि–

''आत्मकथा में, जैसा कि कहा गया है, अपना कच्चा चिट्ठा खोलना पड़ता है जो विधनिषेध प्रमुख भारत में और भी कठिन कार्य है। कदाचित इसीलिए यहाँ आत्मकथा लेखन की ओर बहुत कम ध्यान दिया गया है।''[7]

हिंदी में आत्मकथा या आत्मचरित्र लिखने की प्रवृत्ति बहुत कम रही है। आत्मकथा उस साहित्य रूप को कहते हैं जिसमें कोई लेखक अपने विगत जीवन का विवरण प्रस्तुत करता है। ''आत्मकथा, प्रधानतः दो उद्देश्यों से लिखी जाती हैं। एक, आत्म निर्माण, आत्म-परीक्षण, अतीत की स्मृतियों का मोह या विश्व के व्यापक जटिल विस्तार में स्वंय को जानने या स्वयं की स्थिति का अन्वेषण करने के उद्देश्य से। दो-स्वयं के अनुभवों का लाभ अन्य लोग भी उठा सकें–इस उद्देश्य से।''[8] प्रथम में आत्म-परिष्कार की भावना प्रधान रहती है। आत्मकथा लेखक ईमानदारी के साथ अपने जीवन, व्यक्तित्त्व, विचारों और भावनाओं के शुभाशुभ दोनों पक्षों का अंकन करता हुआ अपने विगत जीवन का सच्चा और पुरा लेखा-जोखा प्रस्तुत कर देता है, जैसे–महात्मा गांधी ने 'सत्य के प्रयोग' नामक अपने ग्रंथ में किया है। आत्मकथा से एक लाभ यह भी होता है कि हमें उसके माध्यम से आत्मकथा–लेखक के संबंध में अनेक ऐसे तथ्यों का ज्ञान हो जाता है जिनके द्वारा हम उसकी विचारधारा और दृष्टिकोणों को अच्छी तरह से समझ सकते हैं। साथ ही आत्मकथा में समकालीन युग और संपर्क में आए विभिन्न व्यक्तियों से संबंधित लाभदायक सामग्री उपलब्ध हो जाती है।

आत्मकथा के तत्त्व

जब कोई व्यक्ति या लेखक अपना व्यतीत किया हुआ, जीवन पाठकों के समक्ष प्रस्तुत करता है तो उसे पढ़कर पाठक को उसके जीवन का पूर्ण स्वरूप स्पष्ट हो जाता है। हम किसी, प्रसिद्ध विद्वान की आत्मकथा को पढ़कर आत्मकथा के तत्त्वों का विवेचन कर सकते हैं। मेरी दृष्टि में आत्मकथा के निम्न लिखित तत्त्व माने जाते हैं–

1. वैयक्तिक्ता–आत्मकथाकार की रचना में उसकी वैयक्तिक्ता उसका निजी अनुभव मुख्य रहता है। वह निष्पक्ष होकर अपने चरित्र का मूल्यांकन 'आत्मकथा' में करता है। सफल आत्मकथाकार वही जो अपनी कमजोरियों को न छिपाये। यही सब उसका आत्मतत्त्व हैं जिसे स्पष्ट करना उसका पहला कर्तव्य हैं।

2. जीवन-चित्रण–आत्मकथा में लेखक का जीवन-चित्रण होता है। बाल्यकाल, शैक्षणिक काल, यौवनकाल, गृहस्थ जीवन, नौकरी आदि समय के बीच में घटित होनेवाली विशेष घटनाओं का वर्णन लेखक करता है। कठिनाइयों से जूझते हुए, किस प्रकार वह जीवन की उच्चता पर आया, यही सब आत्मकथाकार लिखता है।

3. युग परिवेश–आत्मकथा पढ़ने से हमें तत्कालीन युग परिवेश का ज्ञान हो जाता है, इस प्रकार एक युग विशेष का इतिहास हमारी आँखों के समक्ष घूम जाता है। युग में चल रही अच्छाईयों और बुराईयाँ हमें ज्ञात हो जाती है।

4. भाव-विचार तत्त्व–आत्मकथाकार की रचना से हम भावों-विचारों को जान लेते हैं और उसके गुणों को अपने जीवन में भी ढालने का प्रयास करते हैं। वास्तव में मनुष्य में अनुकरण प्रवृत्ति का बड़ा महत्त्व है, वह दूसरों को देखकर,समझकर ही अपना अच्छा जीवन, सुंदर जीवन बनाता है। भावना और विचार सभी व्यक्तियों में होते हैं। अतः किस विद्वान व्यक्ति के भावों और विचारों को मनुष्य अपनाना चाहता है। इस दृष्टि से आत्मकथा का हिंदी साहित्य की गद्य-विधा में महत्त्वपूर्ण स्थान है।

5. कल्पना तत्त्व : संयोजन के स्तर पर–प्रत्येक प्राणी में कल्पना तत्त्व प्रमुख होता है। कुछ समय के लिए जब हम कल्पना लोक में विचरण करने लगते हैं तो हमें बड़ा सुखद महसूस होता है। आत्मकथाकार भी कल्पना में डूबकर, अच्छी से अच्छी, उत्कृष्ट कलात्मक रचना हमारे सामने रखता है। ऐसा करने से वह एक सफल आत्मकथाकार कहलाता है।

6. वस्तुनिष्ठता–कल्पना लोक और भावलोक में विचरण करते हुए रचनाकार

इतना भी नहीं डूबना चाहिये कि उसे वस्तुनिष्ठता का ध्यान ही न रहे। आत्मकथाकार का यही गुण है कि वह सामान्य व्यक्ति के साथ एक हद तक सामान्य रहे, और साहित्य की अपनी विद्वता का ख्याल रखें। वही सफल आत्मकथाकार हो सकता है।

7. भाषा-शैली और शिल्प—आत्मकथाकार की रचना की भाषा एकदम साफ सुथरी मंजी हुई होनी चाहिए, जिसे सामान्यजन बड़ी आसानी से समझ सकें। प्रस्तुतीकरण इतना बेजोड़ होना चाहिए कि पढ़नेवाला वाह वाह कर उठें। भाषा-शैली की कलात्मकता, सुदृढ़ता, स्पष्टता सभी परिष्कृत होने से आत्मकथाकार की विद्वता परिलक्षित होती हैं।

हिंदी आत्मकथा : उद्‌भव और विकास

'आत्मकथा' पढ़ने से, लिखने वाले व्यक्ति का सरल, निश्चल और सात्विक व्यक्तित्व हमारे सामने आ जाता है। 'आत्मकथा' अपने चरित्र का बड़ी सूक्ष्मता एवं निर्भीकता से किया गया अध्ययन है।

आत्मकथा वही है जिसमें लेखक ने अपने व्यतीत हुए संपूर्ण जीवन को निचोड़ कर रख दिया हो। आत्मकथा के कई रूप हमारे सामने आते हैं, जैसे—राजनीतिक, वैयक्तिक, क्रांतिकारिक, आध्यात्मिक, अनूदित इत्यादि। किंतु इन सभी रूपों में लेखक का आत्मत्व (मानसिकता) प्रधान रहता है।

20 वीं शती भारतीय जीवन के राजनीतिक, सामाजिक, आर्थिक, सांस्कृतिक एवं साहित्यिक क्षेत्रों में बहुविध प्रयोगों की सदी है। यूरोपीय सभ्यता और संस्कृति की वाहक अंग्रेजी भाषा के गंभीर अध्ययन-अध्यापन के फल स्वरूप साहित्यिक जगत में जहाँ कविता, नाटक, निबंध, उपन्यास, कहानी और आलोचना के क्षेत्र में नूतन प्रवृत्तियाँ का ग्रहण और समायोजन हुआ वहाँ अनेक नई विधाएँ भी प्रकाश में आई।''[9]

भारतीय साहित्य और पाश्चात्य साहित्य में आत्मकथा एक विकासशील विधा के रूप में रही है।

पाश्चात्य साहित्य में आत्मकथा

पाश्चात्य साहित्य में भी आत्मकथा विधा का पर्याप्त विकास अवश्य हुआ हैं। पाश्चात्य विद्वान 'रिर्चड्स डी. मेरेली' आत्मकथा का उद्‌भव और विकास बताते हुए कहते हैं कि—

By 1809 the word ''Autobiograephy' had been coined by rebert southey, and since that time it has become increasingly clear autobiogrephy is a type of litareture worth reading and suiding in its own right.''[10]

पाश्चात्य साहित्य संसार में भी ऐसी कई आत्मकथाए लिखी गई हैं, जिन्हें अच्छा प्रयास कहा जा सकता है, जो इस प्रकार है–

1. संत आगस्टीन द्वारा लिखित : 'The confeustion of sant au gustine.'
2. बेलविन्टो किलानी कृत : The sutobiography of benyenuto collint.'
3. सेमुएल पेपीकृत : 'The diary of samuel papys'' (653-1703)
4. जे. जे. रूसो कृत : The confessions of jean Jacoyes rouvesev (1712)
5. बेंजामिन फ्रेनक्लीन कृत : The auto, of benjamin franklin (1706-90)
6. एच. सी. एड्रसन कृत : The true story of my life (1805–1875)
7. लियो टॉल्सटाय कृत : Childheed, boyhood and youth.
8. हेनरी एडम्स कृत : The education of henry admas.

इन सभी आत्मकथाकारों ने अपना जीवन, जीवन दृष्टिकोण, भाव, विचार, अनुभूतियों को अपनी रचना में प्रस्तुत आत्मकथा की परंपरा को विकसित करने में महत्त्वपूर्ण योगदान दिया है।

भारतीय साहित्य में आत्मकथा

भारतीय साहित्य परंपरा में आत्मकथा विकासशील अवस्था में रही है, अभी यह पूर्ण विकसित विधा नहीं है, आत्मकथा अपने विविध रूपों में समय-समय पर हिंदी साहित्य संसार को सुशोभित करती रही हैं। यद्यपि विभिन्न साहित्यकारों द्वारा रचित साहित्य में यत्र-तत्र आत्मकथात्मक संकेत मिल जाते हैं, परंतु उन्हें आत्मकथा नहीं माना जा सकता। "आत्मकथा उसी कृति को माना जा सकता है जिसमें लेखक ने अपने संपूर्ण जीवन का जीवन के किसी विशिष्ट अंश का क्रम बद्ध रूप से वर्णन किया हो।"[11] हिंदी में इस रूप में लिखी गई सबसे पहली

आत्मकथा अठारहवीं सदी के जैन कवि बनारसीदास द्वारा रचित 'अर्ध कथा' (1641 ई.) मिलती हैं इसके उपरांत भारतेंदु ने 'कुछ आपबीती, कुछ जगबीती' शीर्षक के साथ अपनी आत्मकथा लिखना आरंभ किया था, परंतु उनकी असामयिक मृत्यु ने इस कार्य को पूरा नहीं होने दिया। इसमें उन्होंने अपने विगत जीवन और मुफ्तखोरे मुसाहिबों का अत्यंत सजीव और रोचक वर्णन किया है। 'अर्ध कथा' के उपरांत हिंदी की दूसरी आत्मकथा पं. अम्बिकादत्त व्यास द्वारा सन् 1901 में 'निज वृत्तांत' के नाम से लिखी गई थी। हिंदी की आरंभिक आत्मकथाओं में स्वामी श्रद्धानंद द्वारा रचित कल्याण पथ का पथिक' नामक आत्मकथा महत्त्वपूर्ण मानी जाती है।

कालांतर में हिंदी के अनेक साहित्यकारों ने अपनी-अपनी आत्मकथाएँ लिखी थीं–जैसे सत्यानंद अग्निहोत्री की 'मुझमें देवी जीवन का विकास' (1901) ई. सुभाष बोस की आत्मकथा 'तरुण के स्वप्न' (1935) ई, जवाहरलाल नेहरू की 'मेरी कहानी' (1939) ई, सर्वपल्ली राधाकृष्णन की आत्मकथा 'सत्य की खोज' (1948) ई, कन्हैयालाल माणिकलाल मुंशी 'आप रास्ते सीधी चढ़ान' (1951) ई. राजेंद्र बाबू की 'आत्मकथा' (1948) ई., महात्मा गांधी की 'सत्य के प्रयोग'।

इन आत्मकथाएँ आधुनिक हिंदी साहित्य की प्रारंभिक और अनुदित रचनाएँ हैं जो बंगला, अंग्रेजी एवं गुजराती भाषाओं से अनुदित की गई हैं।

सामाजिक और राजनीतिक क्षेत्र में कई कार्य करनेवाले व्यक्तियों ने भी अनुकरण प्रवृत्ति के आधार पर आत्मकथाएँ लिखी। जिसमें स्वामी भवानी दयाल संयासी की 'प्रवासी की आत्मकथा', सत्यदेव परिव्राजक की 'स्वतंत्रता की खोज', श्री निवास शुक्ल की 'मैं क्रांतिकारी कैसे बना', स्वामी दयानंद सरस्वती की 'जीवन चरित्र' आदि प्रमुख हैं।

हिंदी गद्य विधा 'आत्मकथा' के विकास म साहित्यकारों ने विशेष योगदान दिया है। आधुनिक साहित्यकारों में सर्वप्रथम बाबू श्यामसुंदरदास की मेरी आत्मकहानी (1941) ई., राहुल सांस्कृत्यायन की 'मेरी जीवन-यात्रा' (1946 ई.), वियोगी हरि की आत्मकथा 'मेरा जीवन प्रवाह' (1948 ई.) शांतिप्रिय द्विवेदी की 'परिव्राजक की प्रथा' (1921 ई.) यशपाल की 'सिंहावलोकन' (1921 ई.) सेठ गोविंद दास की 'आत्म निरीक्षण' (1981 ई.), पद्मलाल पुन्नालाल की 'मेरी अपनी कथा' 1981 ई., पाण्डेय बेचैन शर्मा उग्र रचित 'अपनी खबर' आदि साहित्यिक दृष्टि से महत्त्वपूर्ण आत्मकथाएँ हैं।

इस परंपरा में चतुरसेन शास्त्री की 'मेरी आत्मकहानी' 1931 ई., वृंदावन

शर्मा की'अपनी कहानी' 1970 ई., भाई परमानंद की 'आपबीती', पं. किशोरीदास वाजपेयी की 'साहित्यिक जीवन के संस्मरण', छविनाथपांडे की 'अपनी बात', उपेंद्रनाथ की 'ज्यादा अपनी कम कमाई', आदि आत्मकथाएँ प्रशंसनीय है। उपन्यास सम्राट मुंशी प्रेमचंद ने तो 'हंस' नामक आत्मकथा अंक निकालकर आत्मकथा विधा को नया जोश दिया।

जिसमें अनेक साहित्यकारों ने अपनी संक्षिप्त 'आत्मकथा' लिखकर आत्मकथा क्षेत्र में अपना योगदान दिया। इनमें बाबू गुलाबराय की 'मेरी असफलताएँ' तथा सियारामशरण गुप्त की 'झूठ-सच' और 'बाल्य स्मृति' आदि आत्मकथात्मक बिंब स्मरणीय हैं। डॉ. हजारी प्रसाद द्विवेदी ने तो अपने उपन्यास भी आत्मपरक शैली में लिखे हैं। उनका उपन्यास 'बाणभट्ट की आत्मकथा' हिंदी साहित्य जगत के 'आत्मकथा' क्षेत्र में एक मिसाल कायम करता है। इसी तरह आत्मकथा की विकास परंपरा में क्रांतिकारी 'विस्मिल' की आत्मकथा, सुमित्रानंदन पंत की 'साठ वर्ष' 'रेखांकन', डॉ. देवराज उपाध्याय की 'बचपन के दो दिन' तथा राजकमल चौधरी की आत्मकथा 'भेरवीतंत्र', डॉ. संपूर्णानंद की 'कुछ स्मृतियाँ और स्फुट विचार', विनोद शंकर व्यास की 'उलझी स्मृतियाँ' आदि आत्मकथाएँ भी महत्त्वपूर्ण है।

वर्तमान में अमृता प्रीतम द्वारा अनुदित आत्मकथा 'रसीदी टिकट' भी सराहनीय है। आत्मकथा की इसी परंपरा को जीवन देने के लिए हिंदी आत्मकथा साहित्य के अनमोल रत्न, प्रसिद्ध कवि एवं साहित्यकार डॉ. हरिवंश राय बच्चन ने अपनी आत्मकथा चार भागों में लिखी हैं—'क्या भूलूं क्या याद करूं', 1963 ई., 'नीड़ का निर्माण फिर' 1970 ई., 'बसेरे से दूर', 1971-72, और 1976-77 में लिखित एवं 'दशद्वार से सोपान तक' 1983-85 ई. जवाहरलालनेहरू की 'मेरी कहानी'। भवानी दयाल संन्यासी की 'प्रवासी की आत्मकथा' बहुत दिनों तक पर्याप्त चर्चा का विषय रही थीं। इसमें उन्होंने अपनी आत्मकथा के माध्यम से प्रवासी भारतीयों की करुण दशा का बड़ा मार्मिक वर्णन किया है। इन संपूर्ण आत्मकथाओं के रचयिता प्रसिद्ध और मंजे हुए साहित्यकार रहे हैं, इसलिए इनमें शैली-शिल्प और संवेदनीयता के कारण साहित्यिक-सौंदर्य निखर आया है। हमारे राजनेताओं द्वारा लिखी गई आत्मकथाओं में डॉ. राजेंद्रप्रसाद द्वारा लिखी गई 'आत्मकथा' सर्वाधिक महत्त्वपूर्ण हैं यह मूल रूप से हिंदी में ही लिखी गई है और साहित्यिक सौंदर्य से आपूरित है। इसमें आत्मकथा के साथ समस्त समकालीन महत्त्वपूर्ण घटनाओं, व्यक्तियों और आंदोलनों का इतिहास आ गया है।

हिंदी दलित आत्मकथा का विकास

भारतीय साहित्य परंपरा में दलित आत्मकथा विकासशील अवस्था में है, अभी यह पूर्ण विकसित विधा नहीं है, आत्मकथा अपने विविध रूपों में समय-समय पर हिंदी साहित्य जगत को सुशोभित करती रही है।

"विशिष्ट एवं क्रमबद्ध रूप में लिखी गई हिंदी साहित्य की सबसे पहली दलित आत्मकथा मोहनदास नैमिशराय लिखित 'अपने-अपने पिंजरे' (1995 ई.) है।"[12] हिंदी की आरंभिक दलित आत्मकथाओं में ओमप्रकाश वाल्मीकि द्वारा रचित 'जूठन' 1996 ई. नामक आत्मकथा भी महत्त्वपूर्ण मानी जाती हैं। इसके उपरांत दलित आत्मकथाओं में एड्वोकेट भगवानदास द्वारा रचित–'मैं भंगी हूँ', कौशल्यावैसंती द्वारा लिखित 'दोहरा अभिशाप', डॉ. डी. आर. जाटव कृत 'मेरा सफर मेरी मंजिल', नाथूराम सागर कृत–'मुझे चोर कहा' 1996, अमरसिंह चौहान कृत 'गुलामी में जकड़े हम', राजकिशोर कृत 'मेरी जाति', डॉ. शांताबाई कालेय कृत–'छोरा कोल्हारी', लक्ष्मणगायकवाड़ कृत–'उठाईगीर', शरणकुमार लिम्बाले कृत–'अक्कर मासी', बेबी कांवले कृत–'जीवन हमारा', माताप्रसाद कृत–'झोपड़ी से राजभवन' और सूरजपाल चौहान द्वारा लिखित 'तिरस्कृत' (2002) और 'संतप्त' डॉ. श्यौराजसिंह बेचैन की 'मेरी बचपन मेरे कंधों पर', तुलसीराम कृत 'मुर्दहिया' उल्लेखनीय हिंदी दलित आत्मकथाएँ हैं।

इस तरह देखते हैं कि हिंदी साहित्य की विधा 'दलित आत्मकथा' की विकास परंपरा 'पर्याप्त' विकसित होती रही है। इन आत्मकथाओं में प्रत्येक लेखक की प्रतिभा और कृति शक्ति का अद्‌भुत सम्मिश्रण मिलता है।

इस प्रकार हम स्पष्ट रूप से कह सकते हैं कि आत्मकथा आधुनिक गद्य-साहित्य की वह विधा है जिसमें रचनाकार अपने निजी जीवन-अपने अनुभवों, भाव-विचारों, अनुभूति और कल्पना को देशकाल और युगीन परिवेश के समानांतर बिंब प्रतिबिंबों में अनुस्युत करके कलात्मक एवं प्रभाव रचना-शिल्प में अभिव्यक्त करता है।

संदर्भ

1. हिंदी का गद्य-साहित्य–डॉ. रामचंद्र तिवारी–1972, पृ. 165
2. Master Work of Autobiography–Richard D. Mallery–p. 3
3. हिंदी वाङ्मय बीसवीं शदी–डॉ. नगेंद्र–प्र. सं. 1972, पृ. 376
4. आधुनिक हिंदी गद्य साहित्य–डॉ. हरदयाल–प्र. सं. 1972, पृ. 165
5. बच्चन निकष पर–डॉ. रमेशगुप्त–प्र. सं. 1979, पृ. 216

6. समीक्षा–विष्णुकांत शास्त्री पृ. 3
7. हिंदी वाडमय बीसवी शदी–डॉ. नगेंद्र, प्र. सं. 1972, पृ. 376
8. हिंदी साहित्य का विवेचनात्मक इतिहास–श्री राजनाथ शर्मा–प्र.सं. 1968, पृ. 814
9. हिंदी वाड्मय बीसवी सदी–डॉ. नगेंद्र प्र. सं. 1972, 358
10. Master Work of Autobiography–Richard D. Mallery, P.4
11. हिंदी साहित्य का विवेचनात्मक इतिहास–श्री राजनाथ शर्मा–पृ. 815
12. नया मानदंड–पत्रिका–सं. जयप्रकाश कर्दम–पृ. 16

❑

दलित आत्मकथाएँ और जिंदगी का यथार्थ

'आत्मकथा' साहित्य की एक विधा है। हिंदी के कई प्रमुख साहित्यकारों ने अपनी आत्मकथा लिखने का सार्थक प्रयास किया है। जिसमें महत्त्मा गांधी की 'सत्य के प्रयोग', हरिवंशराय बच्चन की 'क्या भूलूं क्या याद करूं', सर्वपल्ली राधाकृष्ण की 'सत्य की खोज; क. मा. मुंशी की 'आप रास्ते सीधी चढ़ान', जवाहरलाल नेहरू की 'मेरी कहानी', अम्बिकादत्त व्यास की 'निज वृत्तांत', भारतेंदु की 'कुछ आपबीती, कुछ जगबीती' इत्यादि। लेकिन ये सभी आत्मकथाओं आदर्शवाद के रंगमंच पर केंद्रित रही हैं। समाज में फैली असमानता, जातिभेद, वर्णव्यवस्था का भूत आदि से दूर हैं। आत्मकथा में स्वयं के साथ-साथ समाज या देश से जुड़ी कई घटनाओं का भी चित्रण करना पड़ता है। आत्मकथा स्वानुभूति का सच्चा चित्रण है, उसमें जिंदगी के प्रत्येक पहलू को खोलकर रखना पड़ता है आत्मकथा कच्चा नहीं सच्चा साहित्य होता है। सूरजपाल चौहान की आत्मकथाएँ इस अर्थ में अपनी प्रामाणिकता सिद्ध करती हैं। अपनी साहित्यिक यात्रा के शुरू के समय में सूरजपाल चौहान इस तरह के किस्से-कहानियों के प्रभाव से नहीं बच पाए। कोशिश तो उन्होंने 'तिरस्कृत' को सच्चा रूप देने की की लेकिन कई बातों से आत्मकथाकार के ऊपर प्रश्नचिन्ह लगाये गये। कुछ छुपाने की बात स्पष्ट हो गई। साहित्यकार की ईमानदारी का सवाल हावी हो गया कि उन्हें चार-पाँच साल के बाद 'संतप्त' नाम से दूसरी आत्मकथा पाठकों के सामने प्रस्तुत करने की जरुरत हुई।

जिंदगी की वास्तविकता से सरोकार रखने वाले आत्म कथात्मक प्रयास गांधीजी की आत्मकथा 'सत्य के प्रयोग' में देखी जाती हैं। यथार्थवादी आत्मकथाकारों की श्रृंखला में सूरजपाल चौहान का नाम भी चमकने लगा है। उन्होंने अपने परिवार, समाज और दाम्पत्यजीवन की यातनाओं के प्रति वेदनात्मक और छुआछूत को

नाश करने के प्रति अभिव्यक्ति दी, यह आज के दलित साहित्य के लिए एक अनूठी चीज मानी जाती हैं। जयप्रकाश कर्दम ने 'नया मानदण्ड' के संपादकीय लेख में लिखा है कि–"सूरजपाल चौहान ने भंगी-चमारों के बीच जातीय द्वंद्व को अपनी आत्मकथा में उभारा है। जातिविहीन समाज की स्थापना के लिए जातिवादियों के विरुद्ध संघर्ष करने वाला दलित समाज जाति के आधार पर आपस में विभक्त है। ब्राह्मणवादी सोच में संचालित दलित समाज में एक जाति दूसरी जाति के साथ ऊंच-नींच और छुआछूत का व्यवहार करती हैं। उसमें परस्पर रोटी-बेटी के संबंध नही हैं। जाति का यह द्वंद्व दलित समाज का एक कडुवा और कठोर सच है। दलितों को अपना मूल्यांकन करना पड़ेगा और विचार करना पड़ेगा कि ऐसा करके वे डॉ. अम्बेड़कर का सम्मान कर रहे हैं या अपमानकर रहे हैं।[1]

आत्मकथा से एक लाभ यह भी हो जाता है कि हमें उसके माध्यम से आत्मकथाकार के संबंध में अनेकों तथ्यों का ज्ञान हो जाता है जिनके द्वारा हम उसकी विचारधारा और दृष्टिकोणों को पूरी तरह से समझ सकते हैं। साथ ही आत्मकथा में चित्रित कई संबंधित लाभदायक सामग्री मिल जाती हैं। जिंदगी का यथार्थ चित्रण करना तथा वास्तविकता को लोगों के सामने रखना आत्मकथाकार का मूल लक्षण होना चाहिए। यथार्थवादी चित्रण में आत्मनिष्ठ पूर्वग्रह, आदर्शवाद अथवा रोमांचकता को कोई स्थान नहीं। यथार्थवाद साधारण से साधारण घटना के चित्रण में रस लेता है। वह वास्तविकता का प्रेमी है। कल्पनाओं की दुनिया से वे दूर रहता है। साहित्य की अन्य विधाओं की तुलना में अपने जीवन के भोगे हुए यथार्थ को अभिव्यक्त करने का आत्मकथा सबसे सशक्त माध्यम है। सूरजपाल चौहान ने अपने भंगी समाज में आत्मसम्मान की कमी का यथार्थ चित्रण किया है। उन्होंने लिखा है कि..."दूसरी जाति के लोग अनपढ़ होते हुए भी सफाई कर्मचारी का काम नहीं करते। वे कोई भी दूसरा धंधा करके अपना पेट भर लेते हैं, लेकिन भंगी जाति के पढ़े-लिखे लोग थोड़ी-सी परेशानी सामने आते ही झाड़ू लगाना स्वीकार कर लेते हैं। बचपन से ही उनके मन में यह बात बैठा दी जाती है कि यदि कोई दूसरा काम नहीं मिला तो क्या है, झाड़ू लगाने का काम तो मिल ही जाएगा।"[2]

आत्मकथाकार संसार और अपने आपको ठीक वैसा ही दिखाए जैसा वह सचमुच है, भले ही इससे उसकी मानवीय अनुभूतियों को आघात पहुंचता हो और उसकी न्यायबुद्धि आहत होती हो। सूरजपाल की आत्मकथाओं में साम्यवादी विचारधारा के अनुसार सामाजिक विषमताओं का चित्रण किया गया है। उन्होंने

पूंजीवादी शोषण, सामाजिक और धार्मिक-रूढ़ियों और कुरीतियों पर तीखी चोट करते हुए एक ऐसे समाज के निर्माण का संदेश दिया जिसमें शोषण, जाति, वर्णव्यवस्था आदि की समाप्ति और नए स्वस्थ समाज निर्माण की भावना सर्वोपरि रही। प्रामाणिकता एवं यथार्थ चित्रण के अत्यधिक आग्रह के कारण आत्मकथाओं में कहीं-न-कहीं अश्लील चित्रण भी आ गया है, किंतु प्रभाव की दृष्टि से वह शुभ ही माना जाता है। जिससे आत्मकथा का रूप स्वस्थ, अधिक सशक्त और प्रभावशाली बन गया है। इनका स्वर आदर्शवादी और क्रांतिकारी की अपेक्षा सुधारावादी ही अधिक रहा है। इसी कारण उन्होंने सामाजिक और वैयक्तिक जीवन की परिस्थितियों का निर्मम खुला चित्रण कर, उन परिस्थितियों के जनक-मूल कारणों को दूर करने की एक नई सुधारवादी दलित-विमर्श-चेतना का स्वर बुलंद किया है। इस सत्य को उद्घाटित करते हुए जयप्रकाश कर्दम ने दलित आत्मकथाओं के बारे में लिखा है कि...''कथा साहित्य के जरिए भी दलित रचनाकार समाज की संवेदनाओं को झकझोर कर उसकी जड़ता को तोड़ रहे थे, इन आत्मकथाओं ने समाज की चेतना के तंतुओं को झनझना कर रख दिया। ऐसा नहीं है कि इन आत्मकथाओं ने दलित जीवन की दुर्दशा और उनके प्रति समाज के व्यवहार के जिस सत्य को उद्घाटित किया समाज उससे अनभिज्ञ था। न ही कोई बहुत बड़ी या नयी बात इन आत्मकथाओं में कही गयी है बल्कि समाज के जिस विद्रुप, बीभत्स, क्रूर और अमानवीय चेहरे पर गैर दलित लेखक परदा डालते आए थे और समाज अपने जिस सच से साक्षात् नहीं करना चाहता था इन आत्मकथाओं ने समाज के उस नग्न सच को बेपरदा किया।''[3]

सामाजिक वैषम्य ने तनाव और संघर्ष को जन्म दिया है जिसे तटस्थ भाव से देखते रहना किसी भी संवेदनशील व्यक्ति के लिए संभव नहीं। आज हर अच्छा लेखक इस बात के लिए चिंतित है कि समाज-व्यवस्था, जातिभेद, छुआछूत, रंगभेद लिंगभेद आदि में परिवर्तन की प्रक्रिया को तीव्र गति देने में उसकी भी कुछ भूमिका हो। इसलिए साहित्य में आज नारी-विमर्श और दलित-विमर्श के बारे में लिखा और पढ़ा जा रहा है। इतना ही नहीं इस विषय से संबंधित संगोष्ठियों एवं परिसंवादों की बारिश भी बरस रही हैं।

जिंदगी की यथार्थ स्थिति का वर्णन करने के लिए साहस चाहिए। साहसी और निडर व्यक्ति या लेखक ही अपनी जिंदगी की सच्चाईयों को खोलता है। महात्मा गांधी ने साहस के साथ अपनी जिंदगी की यथार्थ घटनाओं एवं प्रसंगों का चित्रण किया है। इसलिए 'सत्य के प्रयोग' आत्मकथा ने अपना विशेष स्थान

बना रखा है। दलित आत्मकथाकारों में भी साहस देखा जा सकता है। 'अपने-अपने पिंजरे', जूठन, दोहरा अभिशाप, मेरा सफर मेरी मंजिल, झोपड़ी से राज महल, मैं भंगी हूँ, तिरस्कृत और संतप्त आदि में साहस और ईमानदारी का दम है। दूसरों के विषय में लिखना सरल है किंतु अपने विषय में सच्चाई के साथ लिखना अपेक्षाकृत कठिन है। दलितों के विरुद्ध अन्याय, शोषण और अत्याचार अधिक हो रहे हैं, इसलिए दलित साहित्य में आत्मकथाओं के अधिक सृजन की आवश्यकता हैं। सृजन भी ऐसा जो जिंदगी का यथार्थ चित्रण कर दलित समाज को जागरूकता की दिशा की ओर संकेत करें तथा उनके मानवाधिकारों को प्राप्त करके अपने सम्मान को बढ़ा सकें। जैसे कि मोहनदास नैमिशराय ने दलितों की ऊंची उड़ान की आकांक्षा व्यक्त करते हुए, अपनी कविता में लिखा है कि–

"आप चाहे जो कह लें
पर मेरा विश्वास है,
यह भूखा-नंगा असभ्य सा,
दिखनेवाला आदमी
अपनी रक्त शिराओं में,
आग की बड़ी झील लिए घूम रहा है...
एक दिन
यह भूखा-नंगा असभ्य सा दिखने वाला आदमी
लाल क़िल्ले की सबसे ऊंची बुर्ज पर लकीर खींचेगा।
अपना हिसाब साफ करने के लिए।"[4]

साहित्यकार साहित्य की उपयोगिता के सवालों पर भी विचार-विमर्श करके साहित्य की रचना करता है। हिंदी साहित्य के उपन्यास सम्राट प्रेमचंद ने इस बात पर विचार करते हुए लिखा है कि–

"साहित्य का मूलाधार सत्य, सुंदर और शिव है। साहित्य की सामग्री मनुष्य का जीवन है। कभी-कभी चर और अचर जीवन भी। पर उसका उद्देश्य भी तो कुछ होगा। क्यों संसार के महान् पुरुषों ने साहित्य की रचना का बिना किसी उद्देश्य के? हम उन्हें इतना मिथ्यावादी नहीं समझते। केवल अपनी आत्मा की शांति के लिए? इसके लिए लिखने की जरुरत न थी। साहित्य का जन्म उपयोगिता की भावना का ऋणी है। जो चतुर कलाकार है, वह उपयोगिता को गुप्त रखने में सफल होता है; जो इतना चतुर नहीं है, वह उपदेशक बन जाता है और अपनी

हंसी उड़वाता है। उपयोगिता, मानसिक, दार्शनिक, व्यावहारिक या केवल विनोदात्मक हो सकती है। मुख्य कर के भावों की संस्कृति ही उसका गौरव है। जिस वाणी, पुस्तक या लेख में उपयोगिता का तत्त्व नहीं है, वह साहित्य नहीं, कुछ भी नहीं। 'गीतांजलि' को तो साहित्य कहिएगा? टाल्सटाय ने तो साहित्य लिखा? तुलसी और सूर ने भी तो साहित्य रचा? क्या उसकी कुछ भी उपयोगिता नहीं है?''[5] इस मायने से देखा जाये तो दलित साहित्य उपयोगितावादी साहित्य जरूर है।

दलित आत्मकथाओं में जिंदगी की सच्चाई है। जीवन के प्रत्येक प्रसंग में जातिगत संघर्ष है। शिक्षा के क्षेत्र में वे एकलव्य से भी बहत्तर प्रयोग दलितों पर किया गया है। जिसका उदाहरण ओमप्रकाश वाल्मीकि की 'जूठन' आत्मकथा में मिलता है। वाल्मीकिजी जिंदगी के ऐसे कई प्रसंगों से गुजरे हैं जैसे कि–

एक रोज हेडमास्टर कालीराम ने अपने कमरे में बुलाकर पूछा–''क्या नाम है वे तेरा?''

''ओमप्रकाश।' मैंने डरते डरते धीमे स्वर में अपना नाम बताया। हेडमास्टर को देखते ही बच्चे सहम जाते थे पूरे स्कूल में उनकी दहशत थी।

''चूहड़े का है? हेडमास्टर का दूसरा सवाल उछला।

''जी।''

''ठीक है...वह जो सामने शीशम का पेड़ है उसपर चढ़ जा और टहनियाँ तोड़ के झाड़ू बणा ले। पत्तों वाली झाड़ू बणांना और पूरे स्कूल कू ऐसा चमका दे जैसा सीसा। तेरा तो यौं खानदानी काम है। जो...फटाफट लग जा काम पे।''[6]

सवर्णों के घरों में शादी-ब्याह या अन्य त्यौहारों पर दलितों को पेट भरकर काम कराया जाता है लेकिन जब खाना देने की बात आती है तो केवल जूठी पत्तल के सिवा और कुछ नहीं देते। एक प्रसंग में आत्मकथाकार ने बताया है कि–''चूहड़े दरवाजे के बाहर बड़े-बड़े टोकरे लेकर बैठे रहते हैं। बारात के खा चुकने पर जूठी पत्तल उन टोकरों में डाल दी जाती थी, जिन्हें घर ले जाकर वे जूठन इकट्ठी कर लेते थे। पूरी के बचे खुरचे टुकड़े एकाध मिठाई का टुकड़ा या थोड़ी बहुत सब्जी पत्तल पर पाकर बाछे खिल जाती थी।''[7]

मोहनदास नैमिशराय ने अपनी आत्मकथा–'अपने-अपने पिंजरे भाग-1 में दलित समाज की गुलामी प्रथा और उसके बदले में मिलने वाले जूठन से भी दलित संतोष का अनुभव करते हैं। शादी ब्याह के प्रसंग के बारे में लेखक ने बताया है कि...''इस जश्न में मुसलमान रात भर पान खाते, हुक्के गुड़गुड़ाते, रंगबिरंगे खुशबूदार फूलों के गजरे सूंघते वाह-वाह करते थे। उनकी पर्दानशीन औरतें दूर

से ही यह सब देखती थीं। और हमारी जात के लोग घड़ी-घड़ी उनके हुक्के भरते थे। उगालदान अपने-अपने हाथों में पकड़े सामने खड़े होते वे कब थूंके पता नहीं। जब भी वे थूंकते झटसे उगालदान आगे कर देते थे। उनके मुंह का पान खत्म हो जाता तो पानदान आगे कर देते। पर पान को हाथ न लगाते थे। जो चीज वे खाये उसे छूने का अधिकार न था इस बीच पान का एकाध छोटा-मोटा टुकड़ा भी मिल जाता था उसी में वे खुश हो जाते थे जैसे बहुत ही बड़ी मिल्कियत मिल गई हो।''[8]

अपने-अपने पिंजरे भाग-2 में आत्मकथाकार ने अपने बचपन की कई यादों को ताजा किया है। मुम्बई से वापस आने पर अपनी प्रेमिका रसवंती को फिर से प्रेम करने लग जाते हैं लेकिन यहाँ रसवंती की शादी हो गई थी फिर उसके शरीर में भी काफी परिवर्तन हो गया है उसका वर्णन लेखक करते हैं कि–

''उसकी छातियां सुडौल और भारी हो गई थीं। उसके होंठों को पहली बार रसमय होते देखा था मैंने। नाम भी तो उसका रसवंती था। उसकी हथेली और पैरों की एड़ियों में अभी भी मेंहदी की सुर्खी थी। कत्थाई रंग-बिरंगी चूड़ियों से भरी थी। मांग में सिंदूर की रेखा उभर आयी थी। सुरमई आंखें झील-सी और गहरी हो गई थी। जब जब भी उसकी चूड़ियाँ खनकती मेरे भीतर बेचैनी उभरती।''[9]

आत्मकथाकार ने अपने जीवन के हर पहलुओं को खोलकर रखा है ऐसा नहीं कि केवल जातिवादी पहलू ही। अपने जीवन की सभी सच्चाईयों का यथार्थ वर्णन आत्मकथा में मिलता है।

माताप्रसाद गुप्त की 'झोपड़ी से राजभवन' में भी अपने जीवन की भयंकर गरीबी का यथार्थ वर्णन मिलता है। गरीबी एक अभिशाप है। अपने परिवार की दयाजनक स्थिति का वर्णन करते हुए आत्मकथाकार ने लिखा है कि–

''घर में विशेष बर्तन नहीं थे। काठ की एक कठौती, मिट्टी का एक कोठिला, बटलोई दो-तीन लोटा, एक या दो थाल, तावा दाल बनाने के लिये मिट्टी का एक घड़ा होता था। दाल हडिया में बनती थी। दाल सबको देने के बाद उसे धोकर रख दिया जाता था फिर अगले दिन उसमें दाल बनती थी। यदि कोई रिस्तेदार आ गये तो पड़ोस से मांगकर बर्तन आ जाते थे।''[10]

राज्यपाल जैसे उच्च स्थान पर आसीन होने के बाद भी आत्मकथाकार ने अपनी परिस्थिति का खुलकर चित्रण किया है उसमें जरा भी हिचकिचाहट नहीं है। लेखक ने अपने जीवन के दूसरे और महत्त्वपूर्ण अपनी पत्नी का कारूणिक चित्रण करते हुए लिखा है–

''एक घटना मेरे दूसरे लड़के डॉ. एस. पी. भास्कर के पैदा होने के दिन की

है।... उस दिन नाद में पानी डालने की बारी इन्हीं की थी। इन्होंने कुएं से दो बार घड़े से पानी निकालकर नाद में डाला फिर हिम्मत नहीं पड़ी, जाकर कमरे में लेट गई। ...वे श्रीमतीजी को लेकर जब आंगन में गई, वहीं पर भास्कर पैदा हो गया।... इस अवस्था में भी उन्हें सूखी रोटी नमक से खाना पड़ा था। नवें दिन जब वह सौर से बाहर निकली तो उनके लिये सरसों पिटाई का हिस्सा छोड़ दिया गया, नहलाने के बाद बच्चे को अंदर लिटाकर वह सरसों पीटने लगी।... श्रीमती जी को दूध नहीं होता था, उसका कारण अच्छा खान-पान न होना ही था, घर की जेठानी और देवरानी के भी बच्चे थे, उनको दूध होता था। मेरी माँ कहती कि थोड़ा दूध उसके बच्चे को भी पिला दो, लेकिन वे दोनों दूध नहीं देती थीं। श्रीमतीजी ने पानी को कुनकुना कर रूई के फाहे से बच्चे को एक दो दिन चटाया।"[11]

'मेरा सफर मेरी मंजिल' आत्मकथा में आत्मकथाकार डॉ. डी. आर. जाटव ने अपने समाज में व्याप्त बाल विवाह की कुप्रथाओं का भी चित्रण किया है। वे लिखते हैं कि "... कोई लड़का या लड़की आठ-नौ साल में प्रविष्ट करते, गांव के बुजुर्ग उनकी शादी-विवाह की बातें पूरी कर देते थे, यह सोचे समझे बिना कि उनमें से कोई स्कूल जायेगा, या नहीं। बाल-विवाह में बंधे ये बच्चे कोई अपने वैवाहिक जीवन को कैसे निभायेंगे अथवा इन बाल विवाहों का लड़के लड़की के स्वास्थ्य पर कैसा प्रभाव पड़ेगा? लेकिन बाल विवाह सामाजिक प्रतिष्ठा का सूचक माना जाता था। जितना शीघ्र बच्चे-बच्ची का विवाह हो जाये यह शुभ होता था। वस्तुतः उन दिनों बाल विवाहों का सर्वत्र प्रचलन था। उनको अच्छा और शुभ माना जाता था। रजस्वला के पूर्व किसी लड़की का विवाह नैतिक एवं धार्मिक दृष्टि से बहुत पवित्र तथा श्रेष्ठ माना जाता था।"[12]

'दोहरा अभिशाप' में बैसंत्रीजी ने दलित उपजाति भेद को भी बताया है।

चमार, भंगी, महार, आदिवासी आदि जातियों के आपसी व्यवहार में भी भेदभाव है। उन्होंने अस्पृश्यता की पराकाष्ठा से उत्पन्न पीड़ा को भी उजागर किया है और दलित समाज में मौजूद पितृसत्तात्मक व्यवहार का भी पर्दाफाश किया है। अपने जीवन के कई प्रसंगों का भी खुलकर कौशल्या बैसंत्री ने चित्रण किया है।

'गुलामी में जकड़े हम' अमरसिंह चौहान की आत्मकथा है। उसमें शहरी और गांव के दलित जीवन की कई विद्रुपताओं का चित्रण है। बाल-दाढ़ी कटवाने का प्रसंग लेखक के परिवार के लिए मुश्किलें खड़ा करती हैं। गाँव नाई भंगियों के बाल नहीं काटते। यह बात सुनकर नाई के यहाँ बाल कटवाने के लिए जाते हैं वहाँ अपनी जाति से बहुत अपमानित होना पड़ता है।

डॉ. श्यौराज सिंह बेचैन का आत्मकथ्य 'चमार का' हैं। वे दलित जाति में जन्मा-पला और बड़ा भी हुआ है। लेकिन 'जाति' का ब्रह्मराक्षस सदा के लिए साथ रहता है। वे लिखते है कि—''यह जन्म और जाति मेरे वश में नहीं। उसमें जन्म लेने के लिए मैं गर्व से सिर उठाऊँ या शर्म से मर जाऊँ, बुजदिलों या कीड़े-मकोड़ों की तरह जिंदगी के दिन पूरे कर दुनिया से चला जाऊँ, या जाति समझ को छिपाकर सवर्णों में शामिल होने की खुशफहमी पालनें की चेष्टा करू अथवा साहस से काम लूँ। पुरुषार्थ से जिऊँ और सामाजिक गुलामी में आँखें खोली हैं उसे दूर करने के लिये अपनी पूरी मेधा, क्षमता और शक्ति लगाऊँ। मैं जानता हूँ कि आजादी मिलने के बाद भी मैं चमार हूँ।''[13]

एडवोकेट भगवानदास की 'मैं भंगी हूँ' में भी आत्मकथाकार ने कुछ छुपाया नहीं है। इसमें भंगी समाज में अनेक उपजातियों के नाम, उनकी जीवन शैली, व्यवसाय, रहन-सहन, और खान-पान के बारे में लिखा है।

इस प्रकार दलित आत्मकथाओं में दलितों द्वारा भोगे गये जीवन एवं स्वअनुभूति का यथार्थ वर्णन है। यह सच का साहित्य है। इसमें दुःख-दर्द की कारुणिक वेदना है। इसमें सपनों और कल्पनाओं की दुनिया नहीं है। दलित लेखकों और साहित्यकारों के साथ जो भी घटनाएँ घटी हैं उसका उन्होंने खुलकर चित्रण किया है। इसलिए दलित आत्मकथाएँ आज साहित्य के विभिन्न खेमों में सिरमौर होकर खड़ी है। जो दलितेतर साहित्यकारों के लिए चुनौती है।

संदर्भ

1. नया मानदंड—जयप्रकाश कर्दम : पृ. 18
2. तिरस्कृत—सूरजपाल चौहान : पृ. 52
3. नया मानदंड—जयप्रकाश कर्दम : पृ. 16
4. हिंदी साहित्य में दलित अस्मिता : पृ. 108
5. 'परितोष' विविधप्रसंग, खं.- 3 : पृ. 15
6. जूठन—ओमप्रकाश वाल्मीकि : पृ. 15
7. जूठन—वही—: पृ. 19
8. अपने-अपने पिंजरे—भाग—1—मोहनदास नैमिशराय : पृ. 20
9. —वही—भाग—2—वही : पृ. 07
10. झोपड़ी से राजभवन—माता प्रसाद : पृ. 40
11. —वही–वही—: पृ. 44-45
12. मेरा सफर मेरी मंजिल—डॉ. डी. आर. जाटव : पृ. 06
13. नया मानदंड (से साभार)—जयप्रकाश कर्दम—: पृ. 50

दलितेत्तर आत्मकथा और दलित आत्मकथा

दलितेत्तर आत्मकथा–

– दलितेत्तर आत्मकथा में लेखकों के निजी जीवन के दुःख, तकलीफ और संघर्ष के साथ-साथ समकालीन समाज, राष्ट्र और संस्कृति के द्वंद्व और हलचलों, आर्थिक और राजनीतिक गतिविधियों आदि का परिचय मिलता है।

– 'दलितेत्तर आत्मकथा में लेखकों ने अपने जीवन को पीछे मुड़कर अवश्य देखा है। ये सभी आत्मकथाएँ आदर्शवाद पर केंद्रित रही हैं। लेकिन दलितों के प्रति समाज का दृष्टिकोण और आत्मकथा लेखक का दृष्टिकोण भी प्रायः हाशिए पर रहता है।'[1]

– दलितेत्तरआत्मकथा का सामान्य अर्थ किया जाये तो दलित लेखकों के अलावा जिन आत्मकथाकारों ने जो आत्मकथा लिखी उसे दलितेत्तर आत्मकथा कही जा सकती है।

– दलितेत्तर आत्मकथा यानी कि सवर्ण लेखकों के द्वारा लिखा गया आत्मवृत्तांत–आत्मकथा-आत्मकथ्य।

– दलितेत्तर आत्मकथा यानी कि जिस आत्मकथा का रचनाकार गैरदलित हों।

सामान्यतः साहित्यिक विधा काल सापेक्ष होती है। इसीलिए समय विशेष के बाद अर्थ सम्प्रेषणीयता में धिक्कतें महसूस होती हें 19 वीं शताब्दी के उत्तरार्द्ध में विश्व साहित्य में आत्मकथा विधा विशिष्ट विधा के रूप में उभरी। उस समय सामान्यतया उपनिवेषवादी सत्ताएँ अपने अनुभव विशेष के आधार पर आत्मकथा (चर्चिल) लिखा जब कि भारतीय परिप्रेक्ष में नवजागरण और स्वाधीनता की अनुगूंज से अनुप्रेरित महात्मा गांधी की आत्मकथा वैयक्तिक राष्ट्रीय मुक्ति की धरोहर है तो अमृता प्रीत्तम की आत्मकथा (रसीदी टिकट) में नारी सर्जनात्मक लेखन

क्षमता को विशिष्टता प्रदान की गई, तो हरिवंशराय बच्चन की आत्मकथा 'क्या भूलु क्या याद करू' उनके अंतर वैयक्तिक वृत्तांतों तक सीमित रह जाती है। जब कि तसलीमा नसरीन की आत्मकथा नारी की वैयक्तिक एवं सार्वत्रिक मुक्ति से ओतप्रोत है लेकिन कुल मिलाकर सभी वैयक्तिक स्वतंत्रता को तो वैधता दे रहे हैं, जब कि राष्ट्रीय स्वतंत्रता खतरे में पड़ी है। महात्मा गांधी की आत्मकथा 'सत्य के प्रयोग' भारतीय स्वाधीनता आंदोलन से ओतप्रोत है। इसी प्रकार दलितेत्तर आत्मकथा सर्जनात्मक के केंद्र में रखकर लिखी गई। जिसमें कथ्य और पृष्ठभूमि में भिन्नता दिखाई देती हैं।

दलित आत्मकथा

"भारतीय समाज की संरचना में सबसे निचले स्तर पर स्थित ये दलित समाज के ऐसे व्यक्तियों की आत्मकथाएँ हैं जिन्हें सवर्ण समाज ने जीवन की न्यूनतम जरुरतों की आपूर्ति और मानवीय सम्मान से वंचित रखा। भारतीय समाज की संरचना में सबसे ऊपर स्थित सवर्ण-समाज के वर्चस्व, शोषण, अत्याचार, तिरस्कार, तिकड़म आदि के फैलाए जाल में फंसे ऐसे दलित समाज की जीवन कथा है, जहाँ एक पूरा का पूरा आदमी, उसका पूरा जीवन, अस्तित्त्व, भूख, गरीबी, सम्मान, हक आदि के लिए लड़ते-लड़ते खत्म हो जाता है; पर समस्याएँ कभी खत्म नहीं होतीं। सबसे पहले उसे अपनी भूख, गरीबी, अशिक्षा से जूझना पड़ता है। यदि भूख, गरीबी, अशिक्षा आदि से उसे किसी तरह निजात् मिल भी जाती है, तो सवर्ण समाज उसकी अस्मिता स्वीकार नहीं करता। यदि सवर्ण समाज उनकी अस्मिता स्वीकार कर भी लेता है, तो उसकी सामाजिक प्रतिष्ठा बर्दाश्त नहीं करता। यदि वह उसकी सामाजिक प्रतिष्ठा बर्दाश्त कर भी लेता है, तो उसे बराबरी का मनुष्य दर्जा और अधिकार नहीं देता। दरअसल दलित समाज और साहित्यकारों के असामान्यजद्दोजहद की जीवन कथाएँ ही दलित आत्मकथाएँ हैं।"[2]

"दलित आत्मकथा में अत्यंज या अछूत समाज की स्थिति उनके प्रति सवर्ण हिंदु व अन्य समुदायों के दृष्टिकोण और व्यवहार का वर्णन किसी आत्मकथा में नहीं मिलता हैं ये तथ्य दलित लेखकों की आत्मकथाओं में ही पूरी गहराई, तीक्ष्णता और साहस के साथ चित्रित हुए हैं। इस दृष्टि से दलित आत्मकथाओं ने आत्मकथाओं के क्षेत्र में एक नई जमीन तोड़ी हैं।"[3]

– आत्मकथा के आगे दलित विशेषण से ही पता चल जाता है कि जिस

आत्मकथा दलित लेखकों द्वारा लिखी गई हो, इस आत्मकथा को दलित आत्मकथा कही जा सकती हैं। जिसमें दलित आत्मकथा की सारी समस्याओं के मूल में जाति है।

– दलित आत्मकथा में अनहद करुणा, वेदना, पीड़ा होती हैं। इस आत्मकथा दलितों के दुःख और दर्द का करुणा दस्तावेज होता है।

– साहित्य की एक विधा को 'दलित आत्मकथा' जैसा नाम दिया जा सकता है। मराठी, हिंदी, बंगाली, कन्नड़ जैसी भारतीय भाषाओं में जब इस नाम से पहचाने जाने वाले साहित्य दिखाई देने लगे तब ऐसा लगा कि दलित आत्मकथा किसी आत्मकथा की नहीं बल्कि सामाजिक आंदोलन की एक संज्ञा है। मानवीय मूल्यों की भूमिका पर सामंती मानसिकता के समक्ष आक्रोश, उससे उत्पन्न हानेवाला विद्रोह और संघर्ष का ही आत्मवृत्तांत दलित आत्मकथा है।

– दलित आत्मकथा दलितों की पीड़ा, शोषण और तिरस्कृत जीवन का बोध करवाती हैं।

– दलित आत्मकथा समाज में फैली हुई जातिगत असमानता को स्पष्ट करता है और दलितों की अस्मिता की रक्षा करता हैं यह गुलामी की बेड़ियों को काटकर नई प्रेरणा देता है और नईचेतना पैदा करता है। इसप्रकार अपने अधिकार के प्रति प्रेरणा प्राप्त करना, संघर्ष और शक्ति हमें दलित आत्मकथा से मिलती हैं।

– दलित आत्मकथा में विरोध वर्ण व्यवस्था, सामाजिक विसंगतियों या धार्मिक रूढ़ियों, आर्थिक विषमताओं का ही चित्रण होता है। जिस में वर्ण व्यवस्था से उपजे जाति भेद का विरोध हैं।

– दलित आत्मकथा में शोषित, पीड़ित, वंचित आदि समुदाय के लोगों पर गुजारे गये या गुजारे जा रहे जुल्मों का न सिर्फ पर्दाफास करें अपितु उसका विरोध एवं प्रतिशोध लेने की भावना लोगों में जाग्रत करने हेतु जेहाद छेडे और शदियों पुरानी धर्मान्धता जीर्ण-शीर्ण आदर्शों और मान्यताओं को तोड़कर नवीन आदर्श एवं विचारों को जन्म देकर विश्वबंधुत्त्व की भावना को जन्म दे वही दलित आत्मकथा है।

– दलित आत्मकथा एक ऐसी आत्मकथा है जो सभी तरह वर्णव्यवस्था, जाति-पाँति, ऊँच-नीच, भेद-भाव के दायरे से ऊपर है और जिसे धर्म और भाषा की सीमाओं में नहीं बांधा जा सकता। दलन की वेदना, शोषण

की कूढ़न, अन्याय का उत्पीड़न और अत्याचार का रुदन, अपमान की पीड़ा-अभिव्यक्ति भाषा और अलंकार नहीं देखती।

- "दलित साहित्य की रचनात्मक भावभूमि दलितों द्वारा भोगे गए जीवन और उसके अनुभवों की यथातथ्य अभिव्यक्ति है।"[4]
- "दलित आत्मकथा में जो भोगा या सहा है वही कहा हैं। कल्पनाओं की उड़ान उन्होंने नहीं भरी है, न सपनों की दुनिया रचायी हैं इसलिए अन्य किसी भी विधा की तुलना में अपने जीवन के भोगे हुए यथार्थ को अभिव्यक्ति करने का आत्मकथा सबसे सशक्त माध्यम है।"[5]
- "दलित आत्मकथाओं में अपने समाज के बाहर-भीतर घटित, सामान्यतः स्वयं अनुभूत संदर्भों का पूरे ट्रेजडिक विजन और बेबाकी के साथ प्रस्तुतीकरण।"[6]

डॉ. अम्बेड़कर का आगमन आरक्षण व्यवस्था की तहत उत्तर आधुनिकता का प्रभाव आदि ने हिंदी में दलित आत्मकथा लेखन की प्रवृत्ति को नयाजोश मिला। ई. सन् 1970 में आत्मकथा की विधा मराठी के माध्यम से हिंदी में आई। जाति, वर्ण और छुआछूत का भेदभाव का महत्व ज्यादा आदि विशेष सत्यों को प्रमाण देने के लिए दलित आत्मकथाएँ लिखी गई, दलित आत्मकथा की टीस वही है।

डॉ. अम्बेड़कर ने सोचा था कि भारत में औद्योगीकरण होगा तो छुआछूत कम होंगा लेकिन आज भी छुआछूत की मानसिकता निकल ही नहीं रही हैं। दलितों का वैयक्तिक संघर्ष शिक्षित दलितों के द्वारा लिपिबद्ध हो रहा है, जबकि गिरिकंगराओं में रहनेवाले दलित आरक्षण और साहित्य से बेखबर है। सामाजिक, आर्थिक और शैक्षणिक विसंगतियों के कारण एक वर्ग हर क्षेत्र में अपने भाग्य की अजमाईश कर रहा है जब कि समाज का बहुसंख्यक वर्ग वैश्विकीकरण, उदारीकरण की तमाम उपलब्धियाँ को और सीमाओं से परिचित भी नहीं। दलित आत्मकथा विधा आज तक के साहित्य में चुनौती रूप उभरी है जैसे कि जिस साहित्य या समाज परिधि में था,वह आज केंद्र में आ गया।

दलित आत्मकथाएँ दलित साहित्यकारों के अदम्य जीवन संघर्ष के आगे बढ़ने का संदेश देती हैं क्योंकि दलित आत्मकथाकार बताना चाहते हैं कि जो नारकीय और दासतापूर्ण जीवन हमें मिला, उसमें व्यक्ति विशेष का अपराध नहीं है। दलित आत्मकथाएँ व्यवस्था परिवर्तन की माँग भी करती हैं।

मराठी में साठ के बाद के दशक में दलित साहित्य आंदोलन ने जोर पकड़ना शुरू कर दिया था जबकि हिंदी में इसकी ठीक से सुगबुगाहट अस्सी के दसक

में आकर शुरू हुई। हिंदी में पहली दलित आत्मकथा मोहनदास नैमिशराय कृत 'अपने अपने पिंजरे' हैं जो 1995 में प्रकाशित हुई थी। इसके बाद ओमप्रकाश वाल्मीकि कृत 'जूठन' प्रकाशित हुई। इन दोनों आत्मकथाओं का आना हिंदी साहित्य में एक घटना बन गया। इस प्रकार दलित आत्मकथाओं में भगवानदास कृत 'मैं भंगी हूँ,' कौशल्यावैसंती कृत–'दोहरा अभिसाप', डॉ. डी. आर. जाटव कृत 'मेरा सफर मेरी मंजिल,' नाथूराम सागर कृत 'मुझे चोर कहा', अमरसिंह चौहान लिखित–'गुलामी में जकड़े हम', राजकिशोर लिखित 'मेरी जाति', लक्ष्मण गायकवाड की 'उठाईगीर', शरणकुमार लिम्बाले की 'अक्कर मासी', माता प्रसाद लिखित 'झोपडी से राजभवन' और सूरजपाल चौहान कृत 'तिरस्कृत' और 'संतप्त' आदि महत्त्वपूर्ण दलित आत्मकथाएँ हैं जो समाज के जिस विद्रुप, वीभत्स, क्रूर और अमानवीय चेहरे पर गैर दलित लेखक परदा डालते थे इन आत्मकथाओं ने समाज के उस नग्न सच को बेपरदा किया।

संदर्भ

1. नया मानदंड–सं. जयप्रकाश कर्दम–पृ. 14
2. दलित आत्कथाएं : विशेष संदर्भ : तिरस्कृत-दयाशंकर–पृ. 162
   (पल प्रतिपल–पत्रिका सितंबर-दिसंबर–2003, का अंक 65, 66)
3. नया मानदंड–सं. जयप्रकाश कर्दम–पृ. 14
4. नया मानदंड–सं. जयप्रकाश कर्दम–पृ. 15
5. नया मानदंड–सं. जयप्रकाश कर्दम–पृ. 15
6. दलित आत्मकथाएं : विशेषसंदर्भः तिरस्कृत-दयाशंकर–पृ. 163
   ('पल-प्रतिपल'–पत्रिका, सित.-दिस.-2003, अंक–65,66)

❑

सूरजपाल चौहान का व्यक्तित्व और कृतित्त्व

जन्म

सूरजपाल चौहान का जन्म 20 अप्रैल, सन् 1955 ई. में अलीगढ़ (उत्तर प्रदेश) के फुसावली नामक गाँव में हुआ था। उनके पिता का नाम रोहनलाल था। वह एक सफाई कर्मचारी के रूप में दिल्ली में काम करते थे। उनकी माता का नाम अशरफी था। वे भी गाँव में ठाकुरों के यहाँ झाड़ू सफाई करने का काम करती थी। उनके दो भाई थे, बड़े भाई का नाम सुनहरीलाल और छोटे भाई का नाम रगबर था।

बाल्यावस्था का जीवन

वाल्मीकि (भंगी) समाज में जन्मे सूरजपाल का निम्नवर्गीय गरीब परिवार में पालन-पोषण हुआ था। उनका बचपन का जीवन बहुत दयनीय था। उन्होंने बचपन के जीवन के बारे में लिखा है कि–

"माँ और मेरे पास पहनने के लिए गत के कपड़े भी न थे। हम दोनों के कपड़ों पर जगह जगह थेगड़ियाँ लगी रहती थी। गर्मियों के दिनों में हमारे मोहल्ले के मेरी हमउम्र बालक अकसर नंग-धड़ंग ही रहते थे। सर्दियों के दिनों में ठंड से बचने के लिए सूती फलालेन की एक घुटनों से नीचे तक की कमीज सिलवाकर रखी हुई थी। सर्दी के मौसम में महिनों तक उसे ही पहने रहता। लगातार पहनने के कारण वह इतनी मैली हो जाती थी कि उसका असली रंग क्या है, किसी को पता न चलता।"[1]

बालक सूरजपाल की माँ को झाडू लगाने और बसीठों के मोहल्ले सफाई काम करने से थोड़ी भी फुरसद नहीं मिलती थी। परिणाम स्वरूप कपड़े महीने-दो

महीनों में ही एक बार बहते बंबा से कपड़े धोकर लाती थी। बचपन में एक ही कमीज लगातार पहनने के कारण मैल से उसमें बहुत डींगर (जूँएँ) पड़ जाती थीं।

बालक सूरजपाल के बिखरे बालों में भी असंख्य जूँएँ बिलबिलाती थीं। क्योंकि गाँव में जातिगत भेदभाव के कारण भंगी और चमारों के बाल नाई लोग नहीं काट रहे थे। माँ कभी-कभी एक कैंची से बालक सूरज का बाल काट देती थीं बालक सूरजपाल के घर के नाम पर एक फूँस की कच्ची कुठरिया और पशुधन के नाम पर गाँव के ठाकुर जयसिंह से बटाई पर ली गई एक पड़िया थी।

बालक सूरजपाल कभी-कभी अपनी माँ के साथ-झाड़ू लगाने के लिए भी जाता था। उस काम के सिवा भंगी समाज का दूसरा कोई काम ही नहीं था। झाड़ू-लगाने से थोड़े बहुत पैसे-और खाना मिलता उससे ही अपना जीवन निर्वाह चलता था। कभी-कभी तो बालक सूरजपाल और माँ को पेट भरने के लिए लाले पड़ते थे।

बाल्यावस्था में ही सूरजपाल को अपनी माँ की छाया उठ गई। माँ के देहांत के बाद पिता ने सूरजपाल को अपने साथ दिल्ली में ले आए थे। बालक सूरजपाल की प्राथमिक शिक्षा गाँव फुसावली और फिर दिल्ली नगरपालिका की प्राथमिक स्कूल में हुई थी। पिताजी के साथ दिल्ली में रात भैरों मंदिर के सामने सड़क पर चादर बिछाकर सो जाते थे। माँ के बिना बच्चे की कैसी दशा होती हैं उसके बारे में उन्होंने खूद के बचपन के जीवन के बोर में लिखा है कि–

''मेरा बचपन बहुत अभावों में बीता है। रूखे-सूखे निवालों के भी लाले पड़े हुए थे। उन दिनों में सारे-सारे दिन भूखा रहता। पिता सुबह के गए अपने काम से तीन-चार बजे तक वापस आते तभी खाना बनाकर देते। बिन माँ के बच्चे की कितनी दुर्दशा होती है, यह तो मैं ही अच्छी तरह से समझ और जान सकता हूँ। एक दौर तो ऐसा भी आया कि मैं पास-पड़ोस के घरों में घुसकर रोटी चुराकर अपनी भूख को शांत करता।''[2]

तीस-पैंतीस की उम्र में पिता जी विधुर बन गये थे। लेकिन तीन बच्चे होने के कारण उसके साथ कोई दूसरी शादी करने के लिए तैयार न थे। अपनी शारीरिक भूख का संतोष प्राप्त करने के लिए पिताने शेरू माली की पत्नी रामो के साथ अपना संबंध जोड़ा था। इसलिए पिता मेरे लिए कभी-कभी खाना बनाना भी भूल जाते थे। स्कूल में भी टीचर की मार के डर से भूखे पेट ही जाना पड़ता।

कभी-कभी भूखे पेट से चक्कर खाकर बेहोश होकर भी गिर जाता था सूरजपाल। स्कूल में पैदल नंगे पाँव ही जाता था। पाँचवीं कक्षा तक चप्पल भी पहनने के लिए नहीं मिला था। लेखक को छट्ठी कक्षा में आते है तब टब से उठाकर जूते ले आते हैं। पुराने और फटे हुए जूते ने मोची से ठीक करवाकर बालक सूरजपाल ने पहना था। इस समय उन्होंने आनंद का अनुभव किया था।

बालक सूरजपाल अपनी भूख मिटाने के लिए कब्र पर रखेजाने वाली खाने की चीजों को खाता था। हररोज स्कूल से आते वक्त कब्र के पास जाकर खाने की चीजे खोजता। कभी हलवा–पूरी मिल जाती तो फूला न समाता। रूसी मेम के पास से ब्रेड छीनकर खा जाना सूरजपाल के लिए भूख की असहनशीलता थी।

सूरजपाल का बचपन बड़े अभावों में बीता है। उन्होंने लिखा है कि–"रुखे-सूखे निवालों के लिए भी तरसा हूँ मैं बचपन में। पंडारा रोड की मार्किट के ढाबों व रेस्टोरेंट के नौकर रात भर की जूठन सुबह 'टब' (कूड़ाघर) पर फेंक जाते थे। मैं भोर होने से पहले उसमें से रोटी के छोटे-छोटे टुकड़े चुनकर खाता, वहीं दूसरी ओर उसी फेंके गए जूठे खाने को गली के कुत्ते भी खाते। कई बार कुत्ते मेरे ऊपर गुर्रा कर पड़ते क्योंकि मैं उनके हिस्से को चुन-चुनकर जो खाता था।"[3] इस प्रकार बालक सूरजपाल को किसी के आगे का जूठा खाने में भी परेशानी नहीं होती थी।

पिता के साथ बचपन में रहने से पिताकी तरह बीड़ी-सिगरेट पीने की आदत पड़ गई थी। वे कभी-कभी सड़क पर बीड़ी का जलता हुआ टोटा मिल जाता तो भी पी लेता था। एक दिन तो मौसी के कहने पर पढ़ाई छोड़कर भी झाड़ू लगाने के काम में लग जाता है लेकिन पिताजी के समझाने पर फिर से पढ़ना शुरू कर देता है।

इस प्रकार बालक सूरजपाल का बचपन का जीवन आर्थिक विडंबना, भूख, गरीबी, जाति भेद, माँ का देहांत आदि के कारण अभावों में बीता था। इसीलिए संतो ताई, रूसी मेम और मामा की गंदी हरकतों का शिकार बनना पड़ा था।

शिक्षा

प्राथमिक शिक्षा अपने गाँव फुसावली और नई दिल्ली में प्राप्त की थी। पादरी बाबूलाल मसीह के कहने पर रोहनलाल ने बालक सूरजपाल को गाँव की पाठशाला

में पढ़ने के लिए भेजा था। लेकिन पाठशाला में भी सवर्ण अध्यापकों ने उसको सवर्ण जाति के बालकों से दूर पीपल के नीचे बिठाते थे।

अंत में बड़ी मुश्किलों का सामना करते-करते उच्चशिक्षा दिल्ली की भगतसिंह कॉलेज में बी.ए. तक की शिक्षा प्राप्त की। सूरजपाल को अपनी जिंदगी से, अपनी पढ़ाई, आत्म सम्मान आदि आकांक्षाओं से ज्यादा लगाव था। अतः उन्होंने न तो अपने जीवन संघर्ष से हार मानी और न ही पढ़ाई छोड़ी।

शादी

सूरजपाल चौहान की शादी 20-21 साल की उम्र में 'विमला' नामक लड़की के साथ कर दी गई थी। शादी का निर्णय सूरजपाल का अपना नहीं था लेकिन पिता का था। उन्होंने सूरजपाल की शादी और अपनी बड़ी जिम्मेदारी पूरी कर डाली। शादी के बाद रोहनलाल पर आर्थिक दबाव बढ़ गया। कारण कि अब उन्हें सूरजपाल ही नहीं, बल्कि उनकी पत्नी का भी खर्च उठाना पड़ रहा था। उनका आग्रह था 'कुछ कमाओ' पर सूरजपाल को इतनी जल्दी कहाँ से नौकरी मिलती। वे अभी आगे भी पढ़ना चाहते थे। आर्थिक दबाव के कारण रोहनलाल ने घर में खट-पट करना शुरू कर दिया था। पिता की रोज-रोज की चक-चक सूरजपाल को बार-बार आत्महत्या के विचार तक ले गई। पिता, ससुर, नात-रिश्तेदार सब एक तरफ थे और दूसरी तरफ थे अकेले सूरजपाल। शादीशुदा जवान की बेरोजगारी, साथ में जवान पत्नी होने का मानसिक दबाव, अधूरी पढ़ाई की कुंठा और उसे पूरी करने की जबर्दस्त चाह। जीवन की तमाम जिल्लतें झेलते हुए सूरजपाल ने अपनी बी.ए. की पढ़ाई पूरी कर ली और दिल्ली के एक सरकारी ऑफिस में अपनी शिक्षा और आत्म सम्मान के अनुरूप नौकरी मिल गई।

दाम्पत्यजीवन या पारिवारिक जीवन

सूरजपाल को नौकरी मिलने के बाद अपने सपनों, धीरे-धीरे भौतिक सुख-सुविधाएँ—पहले सरकारी मकान, बाद में निजी मकान, स्कूटर, सोफा, पलंग, टेलीफोन, मारुति-कार आदि जुटाकर उन्हें और उनके परिवार को खुशहाल कर दिया। दिल्ली ने सूरजपाल के व्यक्तित्त्व को कई दिशाओं में फैलाने का अवसर दिया और उसे समृद्ध बनाया। जिस दिल्ली ने धीरे-धीरे सूरजपाल के व्यक्तित्त्व को इतना विशद, समृद्ध और उनके घर-परिवार को इतना खुशहाल किया था, उसी ने बाद में सूरजपाल पर

ऐसा कहर बरपा कि उनकी पारिवारिक आस्थाओं, मूल्यों की दीवारें ढह गई। इतना ही नहीं, दिल्ली ने सूरजपाल को, उनके परिवार जनों और रिश्तेदारों को एक दूसरे का शत्रु, खून का प्यासा और उनके व्यक्तित्त्व को एक दूसरे से अलग-थलग, खंडित बनाकर छोड़ दिया।

सूरजपाल को नौकरी लगी, लड़के-बच्चे हुए और वे निम्नवर्ग से धीरे-धीरे मध्यवर्ग में संक्रमित हो गए, लेकिन लंबे समय तक उनके परिवार में कोमल संवेदनाएँ परस्पर बची रही। शादी के बाद लगभग 24-25 साल तक सूरजपाल-विमला दम्पति के आपसी रिश्ते विश्वास के बल पर टिके रहे। उनके रिश्तों की जड़ में न पैसा था, न हवस थी। अपनी चढ़ती जवानी में विमला ने न बेरोजगार सूरजपाल को छोड़ा और नौकरी लगने के बाद सूरजपाल ने न विमला को छोड़ा। सूरजपाल ने नोयडा में अपना मकान बनवाया। नये मकान में शिफ्ट होने पर पति पत्नी दोनों बहुत खुश रहते थे। घर-परिवार-नात-रिश्तेदारी के मामले में विमला सामान्यतः सूरजपाल की अनुगामी थी। विमला और सूरजपाल के बीच भारी लगाव था। इस प्रकार विमला को अपने पति, भानु-मधुर को अपने पिता और उनके घर की इज्जत का न केवल ख्याल था, बल्कि वे उनके प्रति पूर्ण समर्पित थे।

दिल्ली में सूरजपाल के बड़े भाई सुनहरीलाल सफाई कर्मचारी थे और निम्नवर्गीय स्थिति और रहन-सहन से आगे नहीं बढ़ पाए थे। जयप्रकाश इन्हीं सुनहरीलाल का बड़ा बेटा था। जयप्रकाश पढ़ने में तेज था। अपने इस विशेष गुण के कारण उसने सूरजपाल—विमला को अपनी तरफ खींचा और इसी संबंधों को 'दत्तकपुत्र' और 'मम्मी-पापा' के आपसी गठबंधन तक ले गया।

सूरजपाल का एक्सीडेंट और गांधीधाम जाने के बाद विमला घर के मालिक के दंभ से मुक्त उदार और दोस्ताना स्वभाव के चलते जय, भानु, मधुर की अजीज से अजीज होती चली गई। जय तो बेटा था ही, उसे उसने अपना बहुत करीबी हमराज दोस्त भी बनाया। विमला और जय के संबंधों ने धीरे-धीरे सूरजपाल के जीवन में आग लगा दी और सूरजपाल का दाम्पत्यजीवन अन्ततः नष्ट हो गया। आज सूरजपाल के साथ उसकी बेटी मधुर अकेली है। सूरजपाल को विमला और भानु कहाँ रहते हैं उसके बारे में भी कोई पता नहीं है।

इस प्रकार सूरजपाल का दाम्पत्य जीवन बेहद कुढ़ाओं, मुसीबतों और समस्याओं से भरा हुआ हैं। इन समस्याओं ने ही सूरजपाल को एक अच्छे दलित साहित्यकार के रूप में अपना स्थान प्राप्त करवाया है। आज सूरजपाल चौहान

भातर सरकार के उपक्रम (एस.टी.सी. ओफ इंडिया लि. नई दिल्ली) में प्रशासनिक प्रबंधक के पद पर कार्यरत हैं।

कृतित्व

सूरजपाल चौहान हिंदी के जाने माने दलित आत्मकथाकार के रूप में माने जाते हैं। उन्होंने साहित्य के क्षेत्र में अपनी कलम चला कर हिंदी के दलित लेखन साहित्य को चकाचौंध कर दिया है। उनके द्वारा लिखित रचनाएँ इस प्रकार है–

1. आत्मकथा

1. तिरस्कृत–तिरस्कृत सन् 2002 ई. में प्रकाशित हिंदी की एक महत्त्वपूर्ण दलित आत्मकथा है। आत्मकथाकार ने 'तिरस्कृत' के द्वारा भारतीय समाज के हाशिए पर बसे उपेक्षित समाज की वेदना को 'स्व-कथन' के द्वारा अभिव्यक्ति दी है। अपने जीवन के प्रसंगों का वर्णन किया है। भारतीय समाज में आत्मकथाकार को सभी जगहों से तिरस्कार सहना पड़ता है। इस तिरस्कार से ही 'तिरस्कृत' आत्मकथा का जन्म हुआ।

2. संतप्त–सन् 2006 ई. में प्रकाशित सूरजपाल चौहान की दूसरी आत्मकथा है।

2. कहानी संग्रह

1. हैरी कब आएगा। (1999) : 2. नया ब्राह्मण (2009)

(1) **हैरी कब आएगा**–इसमें कुल मिलाकर चौदह कहानियाँ हैं, जो इस प्रकार हैं–1. परिवर्तन की बात 2. टिल्लू का पोता 3. छूत कर दिया 4. घाटे का सौदा 5. साजिश 6. अंगूरी 7. पांचवी कन्या 8. घमंड जाति का 9. चेता का उपकार 10. जलन 11. प्राण-प्रतिष्ठा 12. हैरी कब आएगा? 13. अपना-अपना धर्म 14. सासू की मानसिकता

(2) **नया ब्राह्मण**–इसमें कुल मिलाकर सत्रह कहानियाँ सम्मिलित हैं जैसे–

1. बदबू 2. बहुरूपिया 3. सारे जहां से अच्छा 4. अम्मा 5. विश्वासघात 6. बस्ती के लोक 7. नया ब्राह्मण 8. कारज 9. तीन चित्र 10. एलिजाबेथ 11. जाति 12. दो रंग 13. एक भद्दा मजाक 14. झूठ के दो चेहरे 15. बाबूजी फिर कब आऊं 16. मंगल पाण्डेय का लोटा 17. इस्तीफा।

3. कविता संग्रह

1. प्रयास
2. क्यों विश्वास करूं
3. कब होगी वह भोर

4. बाल कविताएँ

1. बच्चे सच्चे किस्से (1999)
2. मधुर बालगीत

5. लघुनाटिका

1. छू नहीं सकता।

6. संपादन

1. हिंदी के दलित कथाकारों की पहली कहानी। (2004), 2. दलित आत्मकथा : विशेष संदर्भ 'तिरस्कृत' (2006)

पहली कहानी : 'घाटे का सौदा' लोकमत समाचार (हिंदी दैनिक) 5, सितंबर 1993 अंक में प्रकाशित।

उसके साथ अंग्रेजी, जर्मन, तेलगू, मराठी, गुजराती, पंजाबी एवं उर्दू में रचनाएँ अनुदित एवं प्रकाशित। साहित्य अकादमी द्वारा 'अंतराष्ट्रीय सम्मेलन' नई दिल्ली में मुंशी प्रेमचंद की 125 वीं जयंती पर 'मुंशी प्रेमचंद एवं दलित विमर्श' विषय पर भागीदारी।

समकालीन भारतीय साहित्य, भाषासेतु, साहित्य पारिजात, साहित्य संहिता, अंगुत्तर, असुविधा, साहित्य अमृत, युद्धरत आमआदमी, हंस जैसी अनेक राष्ट्रीय स्तर की पत्र-पत्रिकाओं में कविताएँ, गीत, कहानियाँ, बालगीत, लेख, टिप्पणियाँ और कथा-संस्मरण प्रकाशित। आकाशवाणी, दूरदर्शन एवं राष्ट्रीय मंचों से काव्य-पाठ।

सूरजपाल चौहान के साहित्यिक योगदान से अनेक संस्थाओं ने सम्मानित भी किया है। जो इस प्रकार है–

1. हिंदी साहित्य परिषद, अहमदाबाद द्वारा सम्मानित कथाकार। (1996)
2. 'रमांकांत स्मृति कहानी पुरस्कार' वर्ष–2002 के लिए सम्मानित।
3. अम्बेड़कर मिशन सोसायटी (रजि.) पंजाब द्वारा सम्मानित।

अंत में हम कह सकते हैं कि सूरजपाल चौहान अपनी कंटकभरी निजी जिंदगी से गुजरते हुए अपने आत्मकथा साहित्य को चमका दिया है। उन्होंने आत्मकथा में खुलम-खुल्ला चित्रण किया है जो बड़े गज के साहित्यकारों के लिए भी कठीन है। उनके आत्मकथा साहित्य में यथार्थ उभरता है। इस प्रकार सूरजपाल चौहान के साहित्य सृजन को देखते हुए वह अपने आप अच्छे दलित लेखक कहलाने के योग्य हो जाते हैं।

संदर्भ

1. संतप्त—सूरजपाल चौहान—पृ. 21
2. वही—वही—पृ. 29
3. वही—वही—पृ. 47

❑

'तिरस्कृत' में दलित-विमर्श

'तिरस्कृत' आत्मकथाकार सूरजपाल चौहान की सन् 2002 ई. में प्रकाशित हिंदी की एक महत्त्वपूर्ण दलित आत्मकथा मानी जाती हैं। उसमें आत्मकथाकार के जीवन के लगभग 40-42 वर्षों के वेदनामय जीवन की कथा को अपनी कलम के द्वारा साहित्यिक रूप में अभिव्यक्त किया है। समकालीन भारतीय समाज में वर्ण व्यवस्था के जरिए सबसे निम्न वर्ण में माने-जाने वाले दलित समाज की व्यथा-कथा को अपनी आत्मकथा के माध्यम से पूरे दलित समाज की यथार्थ परिस्थिति का चित्रण सूरजपाल ने चित्रित किया है।

साहित्य की सभी विधाओं में आज दलित विमर्श और नारी विमर्श का सूर्य प्रकाशित हो रहा है। कहीं-न-कहीं रूप में दलित एवं नारी विमर्श की बात जुड़ जाती है। दलित साहित्य दलितों की मशाल बनकर खड़ा हैं। जो पूरे भारतवर्ष में 'दलित चेतना' रूपी महासागर का तूफानी रूप खड़ा भी कर सकता है। दलित आत्मकथाएँ अछूतपन के बदलते मापदंड तथा भारतीय समाज का आदर्श माने जाने वाले खोखलापन का पर्दाफाश करती हैं। सूरजपाल चौहान जी ने अपनी आत्मकथा के द्वारा छोटे-छोटे मुहल्लों और कसबों में बसने वाले दलित समाज की वेदना एवं दासता को तथा अपने जीवन संघर्ष को आत्मकथा के रूप में प्रस्तुत किया है।

सूरजपाल चौहान ने आत्मकथा में 'लेखक की ओर से' में वर्णव्यवस्था का विरोध किया है। हिंदू धर्म की कई मान्यताओं पर भी कुठाराघात किया है। हिंदू धर्म में अंधा विश्वास रखने वाले अपने ही समाज के बारे में लिखा है कि—''जिन्हें सही ऐतिहासिक ज्ञान नहीं है वे हिंदुत्व की संकीर्ण मानसिकता की धारा में गोते खा रहे हैं और अपने ही भाइयों वाल्मीकि या भंगी जाति के लोगों से अपने आपको श्रेष्ठ मान बैठे हैं। शायद वे यह नहीं जानते कि हिंदुत्व की संकीर्णता के कारण ही भंगी जाति अस्तित्त्व में आयी। भंगियों की जो दुर्दशा है उससे कौन बाहर

निकालेगा उन्हें? जिन्होंने भंगी बनाया उनसे आशा करना व्यर्थ है। जो दलित एक लंबे संघर्ष के बाद इस दुर्दशा से बाहर निकलकर दिन-प्रतिदिन प्रगति की सीढ़ियाँ चढ़ रहे हैं वे ही तो निकालेंगे इन्हें हिंदुत्व के कीचड़ से। मैं यहाँ यह स्पष्ट कर देना चाहता हूँ कि मेरी नीयत किसी दलित जाति या वर्ग विशेष पर कटाक्ष करना नहीं बल्कि हिंदुत्व की उस धारा पर कुठाराघात करना है जिसमें हमारे ही दलित समाज के कुछ लोग बह रहे हैं''1

'तिरस्कृत' का प्रथम अध्याय सबसे दयनीय और संवेदनशील हैं, जो सूरजपाल की 'माँ' से संबंधित है। उनकी माँ सवर्णों के मौहलों में सफाई करती थीं। उसके बदले में सवर्णों के मौहल्लों के घरों से एक-एक रोटी मिलती थी। इस रोटियों से सूरजपालजी का बचपन बीता। इस वेदनामय जीवन से पला सूरजपाल का जीवन साहित्यिक अभिव्यक्ति का सशक्त माध्यम बना। अपने बचपन के जीवन के बारे में वे बताते हैं कि–''किसी घर से गौंचना, किसी से बेझर और किसी-किसी घर से मटरे की। गौंचने की रोटी एकाध ही मिल पाती थी। गाँव के ठाकुर और बामन अपने खाने के लिए गेहूँ या गौंचना के आटे की रोटियाँ बनाते थे और माँ को मौहल्लों के पाखाने साफ करने के बदले मटर के आटे की रोटी देते थे। मुझे अच्छी तरह याद है कि मटरे के आटे की बनी रोटी के कौर चबाने से मसूड़े छिल जाया करते थे। सिल-बट्टे पर पिसी मिर्च की चटनी के साथ रोटी हलक में जाने की बजाय हिचकी के साथ मुँह से बाहर को आती थी।''[2] यह परिस्थिति केवल सूरजपाल चौहान की ही नहीं है बल्कि पूरे भारतवर्ष में बसे वाल्मीकि दलित समाज की भी यही परिस्थिति है। जो हम आज देख रहे हैं किंतु कई दलित माँग माँगकर खाने को भी धन्यता का अनुभव करते हैं। यही ही दलित समाज की सबसे बड़ी विडंबना है। उसका कारण आर्थिक स्थिति एवं शिक्षा का अभाव है। गाँवों में बसे वाल्मीकि समाज के लोगों के पास जमीन एवं मकान आदि आज भी नहीं है। लेखक एवं दलित समाज के लिए फूसावली गाँव नरक जैसा था, सभी वाल्मीकि, चमार बच्चे और बिरादरी के लिए। एक तरफ बसीठों-बामनों का भयानक शोषण था, ऊँच-नीच का भेदभाव था, दूसरी ओर से भंगी-चमार समाज में थी बेगारी, अशिक्षा, अंधश्रद्धा, भूख और गरीबी। उनके पास कच्ची मड़ैया के अलावा किसी के पास जमीन और जायदाद नहीं थी। उन्होंने लिखा है कि–''हमारे पास गाँव में जमीन जायदाद के नाम पर कुछ न था घूरे से सटी कच्ची मढ़ैया ही हमारी एकमात्र निधि थी जिसे हम अपना घर कहते थे। गाँव में बिरादरी के सभी लोगों का यही लाभ था।''[3]

आत्मकथाकार की माँ जीवन के अंत तक सवर्णों के यहाँ झाड़ू मारती रही। अपने परिवार का पेट भरने के लिए सवर्णों के यहाँ काम करते करते पूस मास की भयंकर ठंड में आत्मकथाकार की माँ बीमार हो जाती हैं फिर भी गाँव वालों ने जबरदस्ती मौहल्ले साफ करवाते थे। परिणाम स्वरूप उसकी हालत दयनीय बन गई। मनुवादी अंधविश्वासों में पला भारतीय दलित समाज और आत्मकथाकार के पिता ने अपनी पत्नी की बीमारी पर डॉक्टरी इलाज कराने की बजाय अंधश्रद्धा से भूत पिचास एवं देवी-देवताओं की मनौती करने लगे। अंध-विश्वासों के बारे में लिखा है कि–"रात-रात भर मेरी बीमार माँ को भक्त-लोग बीच में घेर कर बैठे रहते। उनमें से कोई थाली पीटता, कोई डमरू बजाता तो कोई चम्मच से पीत्तल का गिलास। वातावरण में भय उत्पन्न करता संगीत बजता और बैठे हुए भक्तों में से कोई एक अपनी गर्दन को जोर से झटकता हुआं-हुआं की आवाजों निकालता। उनकी ऐसी हरकतों को देखकर मैं डर जाता और घिघियाता हुआ मौसी चमेली की गोद में मुँह छिपा लेता।"[4]

आत्मकथाकार के गाँव के सभी भंगी समाज अंधविश्वासों में मानते थे और सबकी बुरी हालत थी। सबका जीवन अंधी मान्यताओं में पलता था। जैसे कि–"हमारे घर का ही नहीं, भंगी मौहल्ले के हरेक घर का यही हाल था। अंध-विश्वासों में बिलबिलाते व खदबदाते अपना जीवन व्यतीत कर रहे थे। हमारे गाँव के भंगी। किसी के घर में किसी को जाड़ा-बुखार आ जाता तो दवाई-गोली के स्थान पर भंगी-भक्त उसकी भूत-बियार उतारने में जुट जाते।"[5]

सूरजपाल जी के पिताजी भी अंध-विश्वासों में फंसे हुए व्यक्ति थे। पत्नी की दयनीय बीमारी में वे भक्तों के पीछे लगे रहें लेकिन कोई फर्क नहीं पड़ा तब वैद्य को बताने गये। तब समय निकल चुका था पिताजी की अज्ञानता, अशिक्षा, अंध-विश्वासों, रूढ़ियों और झाड़-फूक में विश्वास के कारण आत्मकथाकार अपनी माँ से असमय बिछड़ जाता है। उन्होंने लिखा है–"भक्तों के पाखंड से जब माँ ठीक न हो पाई तो पिताने उसे छर्रा कस्बे जाकर कई वैद्य और हकीमों को दिखाया लेकिन तब तक बहुत देर हो चुकी थीं माँ की बीमारी ने भयंकर रूप धारण कर लिया था। भंगी-भक्त सूअर के मांस और दारू की बोतलों के साथ-साथ मेरी माँ के शेष बचे जीवन को भी लील गए।"[6]

आत्मकथाकार की माँ की मृत्यु के बाद परिवार का विभक्तीकरण हो जाता है। सूरजपाल को अपने गाँव फुसावली से पिता के साथ दिल्ली और उनके छोटे भाई रगबर को नौगमा जाना पड़ता है। दिल्ली में आकर भी सूरजपाल का जीवन

यातनामय बीता। दिल्ली में भी रहने के लिए मकान नहीं था। खुले मैदान का चाहे उसका मकान माने या आसमान को उसकी गुदड़ी। उसके आवास का कोई ठिकाना नहीं था। उन्होंने अपने आवास के बारे में लिखा है कि—''गाँव से आने के बाद दिल्ली में मेरा बचपन खान-मार्किट के पास सिमिट्री की झुग्गियों में और झुग्गी टूट जाने के बाद नेशनल स्टेडियम की दर्शक-दीर्धाओं में बीता। दिन के समय नेशनल स्टेडियम के अहाते में बनी लेट्रिन (बंद पड़े पाखानों) में और रातें नेशनल स्टेडियम की सीढ़ियों पर गुजारते थे।... जब कभी कोई खेल-तमाशा आयोजित होता, उन दिनों इन परिवारों को स्टेडियम के प्रवेश द्वारों से हटा दिया जाता था।''[7]

दिल्ली में लेखक की पढ़ाई खान-मार्किट में नगर निगम प्राथमिक विद्यालय से शुरुआत होती है। इस स्कूल में ही पाँचवी कक्षा तक की शिक्षा प्राप्त करते हैं उसके बाद दिवानचंद आर्य हायर सैकेंडरी स्कूल, लोधीरोड नई दिल्ली से सन् 1947 में हायर सैकंडरी की परीक्षा पास की। शिक्षा प्राप्त करने के समय में लेखक को कई प्रकार के जातिगत अनुभवों से गुजरना पड़ा था। जिसकी जिक्र आत्मकथा में की हैं कि—''जाति का पुछल्ला ब्रह्मराक्षस की तरह सदैव मेरे पीछे लगा रहा संस्कृत विषय पढ़ाने वाले अध्यापक वेदपाल शर्मा मुझे समय-समय पर जाति का ओछापन याद दिलाते रहते। मैं तड़प उठता था उस द्रोणाचार्य की बातें सुनकर। एक दिन अपने साथी अध्यापकों से मेरी ओर संकेत कर उसने कहा था—''यदि देश के सारे चूहड़े-चमार पढ़-लिख गए तो गली-मौहल्लों की सफाई और जूते बनाने का कार्य कौन करेगा?''[8]

प्राथमिक एवं हायर सैकण्डरी के बाद लेखक को कालेज में अपने मित्र अनुपम जैन एवं उसके परिवार की जातिगत वर्णभेद की चर्चा करते सुनकर लेखक बहुत दुःखी हो जाते हैं। वे सूरजपाल को राजपूत समझते थे। जब तक राजपूत चौहान समझता था तब तक मित्रता बनी रही लेकिन जब उनको पता चला कि सूरजपाल एस. सी. हैं, तो मित्रता ही तोड़ डाली। उसके परिवार के बीच देश के दलितों के विरोध में चर्चा होती थी कि—''साले चूहड़े चमार पढ़-लिखकर आगे बढ़ते जा रहे हैं, जगजीवन राम चमार को देखो—रक्षामंत्री के पद पर पहुँच गया।'' उनकी बातें सुनकर मुझे बहुत बुरा लगता। कई बार मैंने उनकी बातों का विरोध भी किया था, लेकिन वे सभी मुझे एक स्वर में डपट देते—''चौहान, तू इन चूहड़े-चमारों की बातें सुनकर क्यों बौखला जाता है? तू तो ठाकुर है...।'' मैं उनकी बातें सुनकर मौन-व्रत धारण कर लेता था।''[9] जब कॉलेज में दलित छात्रों

की सूची लगी, तो लेखक के नाम पर अनुपम जैन की नजर पड़ती है तब आश्चर्य चकित होकर बोल उठता है–"अरे चौहान, क्या तुम राजपूत नहीं हो... शड्यूल्ड-कास्ट हो क्या?"...। "...अबे, देखो चूहड़े भी ठाकुर व राजपूत बनने लगे।"[10] इसके द्वारा आत्मकथाकर यही बताना चाहते हैं कि आजादी के इतने सालों बाद भी देश में सवर्णों की मानसिकता में कोई बदलाव नहीं आया है। यहाँ सूरजपाल और अनुपम जैन की मित्रता का सवाल नहीं है लेकिन हजारों दलितों के मित्रता का सवाल उठ खड़ा हुआ है,सब के साथ सूरजपाल जैसा ही हाल आज भी होता है।

सन् 1962-65 में लेखक की सात-आठ वर्ष की उम्र में जूठन उठाने का पहला अनुभव होता है। छोटे बच्चे को जाति की विषमता का पता ही नहीं था। लेखक मन-ही-मन अपने आपको धन्यता का अनुभव कर रहा था कि वे गाँव के राधे लोधे की लड़की के विवाह में माँ के साथ जूठन उठाने जा रहा था। लेखक सोचता था कि मुझे और मेरी माँ को पंगत में बिठाकर स्वादिष्ट भोजन करने को मिलेगा। लेकिन यहाँ कुछ अलग बात निकली कि–"राधे लोधे ने मेरी माँ को हाथ के संकेत से पंगत से दूर बैठ जाने को कहा। मैं भी हाथ में डंडा लिए उसकी बगल में बैठ गया।... मैं बैठा-बैठा सोच रहा था कि राधे मुझे और मेरी माँ को पत्तलों पर खाना परोश कर देने को कहेगा, लेकिन उसने ऐसा नहीं किया। मैं खाना खाते बारातियों को टुकुर-टुकुर देखे जा रहा था। मेरे मुँह में जैसे लार टपकने वाली थी। मैं रह-रह कर माँ की ओर देखता और माँ बिना कुछ कहे मेरे सिर पर हाथ फेरे जा रही थी। मैंने माँ से कहा–"जीजी, ये हमें खाएबे कूं नाय देंगे।" ..."दिंगे, नैक देर रुक जा।"[11]

दावत के बाद लेखक और उसकी माँ के भाग्य में केवल जूठन ही था। पत्तलों से जूठन लेने के लिए भी कुत्तों के साथ संघर्ष करना पड़ता है। क्या यह सही है मनुवादी मानसिकता?

जातिभेद के साथ-साथ लेखक के परिवार की आर्थिक परिस्थिति का भी सामना करना पड़ता है। गरीबी एक ऐसी चीज है जिससे आत्मसम्मान को दबा देती हैं। सूरजपाल और उसकी माँ के साथ ऐसा ही हुआ–"माँ दोनों हाथों से जूठन संकेलने में लगी हुई थी और मैं डंडा लिए होशियार था। कुत्ते मेरे ऊपर गुर्रा रहे थे, लेकिन डंडे की मार से घबरा कर दूर खड़े थे। कुत्तों का गुर्राना उचित था, क्योंकि हम उनके हिस्से का माल समेट रहे थे। हममें इतनी समझ नहीं थी कि हमें ऐसा नहीं करना चाहिए। ऐसी समझ तब आती है जब पेट भरा हो,स्वाभिमान की बात भी तभी सूझती है। पर जब रूखे-सूखे निवालों के भी

लाले हों और आदमी आदमी के हाथों नारकीय जीवन जीने को विवश हो तब वह स्वयं में और पशुओं में अंतर नहीं कर पाता। लगभग ऐसी ही स्थिति हमारी थी।''[12]

दावत के मिस्टान देने की बात तो अलग है किंतु पत्तलों के जूठन लेने के बदले में राधे लोधे ने बाराती की जूठी पत्तलें को उठाकर घूरे पर फेंकने के बाद ही जूठन लेकर घर पर जाने के लिए कहता है। यहाँ वर्णभेद की कर्मशीलता का भी अनुभव लेखक की माँ में देखा जाता है–''म्रॉं जैसे ही जूठन से भरा टोकरा सिर पर रखकर चलने लगी तभी राधे लोधे ने माँ से कहा कि पहले वह जूठी पत्तलें इकट्ठा करके घूरे पर फेंक आए। माँ ने राधे से हाथ जोड़कर कहा कि वह पहले जूठन तो घर पर छोड़ आए, फिर आकर पत्तलों को ठिकाने लगा देगी। लेकिन राधे नहीं माना। माँ मुझे जूठन के पास खड़ा करके पत्तलों को उठाने में लग गई। माँ जब भी पत्तलें फेकने दूर घूरे तक जाती, मैं नजर बचाकर तुरंत टोकरे से पूरियों के टुकड़े उठाकर मुँह में रख लेता।''[13]

सूर्यकांत त्रिपाठी की कविता 'भिक्षुक' और उसके दो बच्चों की दयनीय दशा का मार्मिक चित्रण किया है। समाज इस भिक्षुक परिवार को देखता है पर किसी को उन पर तरस नहीं आता। भूख से व्याकुल होकर भिक्षुक सड़क के किनारे पड़ी जूठी पत्तल चाटने को लाचार हो जाते हें, पर कुत्ते उनसे वे जूठी पत्तलें भी छीन लेना चाहते हैं।

ठीक उसी प्रकार ही सूरजपाल और उसकी माँ के साथ होता है–''मैं टोकरे से पूरियों के टुकड़े उठाने में लगा हुआ था कि एक कुत्ते ने दही-बूरे से लबालब भरी मटकी में मुँह डाल ही दिया।... मैं फूटी मटकिया के पास रुआँसा खड़ा-खड़ा सोच रहा था–''माँ पत्तलें फेंककर आएगी और फूटी मटकी को देखेगी तो क्या कहेगी?'' ... माँ की आँखों में आँसू थे। कितनी मेहनत की थी उसने जूठा दही इकट्ठा करने में। उसने अपनी धोती के पल्ले से आँखों से आँसू पोंछते हुए अब घर पर चलने को कहा।''[14]

सूरजपाल के परिवार आर्थिक विपन्नता के कारण गेहू की रोटी के स्वाद भी नहीं ले पाये थे। उसका दिल गेहूँ की रोटी खाने के लिए तड़पता है–''मैं जीजा जी को खाते देख रहा था। मन-ही-मन सोच रहा था कि जीजा कम खाए तो कितना अच्छा हो।... गेहूँ के चून से बनी रोटी कैसी लगती है खाने में..., कैसा होता है इसका स्वाद? गेहूँ के आटे की रोटी का स्वाद कैसा होता है, कुछ पता न था।... वाह! वह गेहूँ के आटे की बनी रोटी कितनी स्वादिष्ट थी। बिना सब्जी के भी वह कितनी मीठी लग रही थी।''[15]

ताऊ सरूपा की बेटी रूमाली की शादी में बारातियों के लिए दावत में सूअर मारा गया था। वाल्मीकि समाज सूअर पालने का व्यवसाय भी कर रहे थे। इस शादी में सूअर के मारने का प्रसंग लेखक ने स्वयं देखा था। सूअर को मारने का कारुणिक दृश्य और सूअर की चीखें सूरजपाल क़ो आज भी दुःखी करती है-"सूअर की दर्दनाक चीखें आज भी मेरे कानों में साफ सुनाई पड़ रही है, सूअर को दौड़ा-दौड़ाकर थका देना फिर उसे धर दबोचना और गाँवों मुबासी नाम के अधेड़ उम्र के व्यक्ति द्वारा लोहे की पैनी नोंक वाले एक हथियार को सूअर की बगल में भोंक देना। उफ सूअर का भयंकर पीड़ा के साथ तड़पना और थोड़ी देर बाद उसके शरीर का ठंडा पड़ जाना। आज भी एक-एक घटना चलचित्र की भाँति मेरी आँखों के सामने घूम रही है।"[16]

इस प्रकार लेखक ने सूअर मारने-काटने भूनने की पूरी कला का मर्मस्पर्शी गैर रोमेंटीक यथार्थ वर्णन किया है। वाल्मीकि समाज में नाते-रिश्तेदारों की खातिरदारी करने के लिए सूअर का माँस की सब्जी ही खिलाई जाती थी। सूअर का मांस और हड्डी चबाने की मज़ा और होता था। उन्होंने लिखा है कि-"मैं जब भी माँ-पिताजी के साथ ननिहाल नौगमा जाता नाना हमेशा सूअर का छोटा बच्चा काटकर हमारी खातिरदारी करते।"[17]

माँ के देहांत बाद पिता के साथ दिल्ली आना लेखक के जीवन का सबसे बड़ा सौभाग्य हैं। यदि वे दिल्ली में नहीं आते तो आज भी उसका जीवन शायद सूअर मारने-पालने, झाडू-सफाई करने में पूरा हो गया होता। लेखक के लिए दिल्ली का नरक फूसावली के नरक की तुलना में कम कष्टदायक था। दिल्ली में पिता के पास छोटी सी नौकरी थी, किंतु यह फूसावली की तरह शारीरिक, मानसिक त्रास,बेगारी, गुलामी से दूर थी। सूरजपाल के लिए दिल्ली कम नारकीय था। यहाँ पर थोड़ा-बहुत कष्ट तो था किंतु फूसावली की भंगी समाज की कई कुरीतियों झाड़फूक, भक्तावल, सूअर मारकर खाने की प्रथा आदि, अशिक्षा का वातावरण नहीं था। लेखक ने बताया है कि-"मेरा दिल्ली में आना मेरे भविष्य के लिए अच्छा ही रहा, भूखा-प्यासा व समय-समय पर गॉल्फ लिंक की कोठियों में झाडू लगाता, संघर्ष करता बस किसी तरह पढ़-लिख गया और उस नारकीय जीवन से छुटकारा पा सका। आज मैं सोचता हूँ कि यदि मैं शिक्षित न हो पाता तो मुझे वही नारकीय जीवन जीना पड़ता।"[18]

आत्मकथाकार ने बामन बनिया और बाल्मीकि समाज के विवाह में दावत बनाने की बात करते हुए सामाजिक-आर्थिक विषमता का बोध भी दिया है-"गाँव

के बामन-बनियों और अन्य लोगों के विवाह समारोह में दही-पूरी, आलू, सीताफल का साग, कचौड़ी और विभिन्न प्रकार की मिठाइयाँ परोसी जाती हैं, और हमारे यहाँ विवाह समारोह में अधिकतर गाँवों में सूअर मारकर दावत का कार्यक्रम बनाया जाता है।''[19]

वर्णव्यवस्था के अनुसार हिंदू धर्म में दलितों के लिए शिक्षा प्राप्त करने पर पाबंदी की गई हैं। वेदों-शास्त्रों का अध्ययन करना भी दलितों के अपराध माना जाता था। शूद्र केवल सेवा का ही, कार्य कर सकता है ऐसी निमर्म बात बतायी गई है। इस समय केवल ईसाई मिशनरियों ने दलितों को शिक्षा देने की कमर कसी। फूसावली गाँव के पास छर्रा वाले पादरी बाबू लाल मसीह दलितों को शिक्षा देने के लिए आया करते थे। उसको गाँव के ठाकुर-बामनों की लाठियों की मार कई बार खानी पड़ी थी। पादरी साइकिल से आते थे और सवर्ण उनकी साइकिल के पहिए की हवा भी निकाल देते थे। एक दिन तो ठाकुर प्रताप ने उनकी साइकिल छीन कर गाँव के झोड़ (पोखर) में फेंक दी थी। आत्मकथाकर ने बताया है कि–

''गाँव के अधिकतर बसीठ यही सोचते थे कि यह पादरी गाँव के चूहड़े-चमारों को ईसाई बनाने आता है। यह बात तो ठीक थी कि बाबूलाल मसीह छर्रा कस्बे के आस-पास के गाँवों में जाकर दलित-बस्तियों में ईसाई-धर्म का प्रचार-प्रसार करते थे, लेकिन इसके साथ-साथ वह दलितों को शिक्षा का महत्त्व भी समझाया करते थे। आज उनके ही अथक प्रयासों से छर्रा के आस-पास के गाँवों के दलितों में जो थोड़ी-बहुत शिक्षा दिखाई पड़ रही है। उनके इस योगदान को नजर-अंदाज नहीं किया जा सकता। ...पिता उनके कहने से ईसाई तो नहीं बने लेकिन पादरी के बार-बार कहने से मेरा गाँव की पाठशाला में जाना शुरू हो गया। उन दिनों को याद कर आज भी सवर्ण अध्यापकों के प्रति मन घृणा से भर जाता है। भंगी मौहल्ले से मैं, श्रीपाल और राम खिलाड़ी ही शुरू-शुरू में गाँव की पाठशाला में गए थे।''[20]

पादरी बाबूलाल मसीह के अथाक प्रयत्न के कारण भंगी समाज के तीन बालक स्कूल में जाने लगे किंतु स्कूल में सवर्ण अध्यापकों के द्वारा छुआछूत का बड़ा भेद रखा जाता था। स्कूल के परिवेश से लेखक बिलकुल अनजान थे। आत्मकथाकार लिखते हैं कि–''हम तीनों भंगी मौहल्ले के बालकों को गाँव की पाठशाला में पढ़ रहे सभी बच्चों से दूर पीपल के नीचे बैठने को कहा जाता। वही पास में गंदी नाली भी बहती थी जिसमें गाँव के सवर्ण लोगों के मौहल्ले की गंदगी बहती रहती। ...कभी किसी मास्टर का ध्यान आ जाता तो हमारी

घोटा लगी तख्तियों पर पैंसिल से हरफ खींच जाता और हम उन हरफों पर खड़िया पोत लिया करते थे। कई माह तक हम तीनों के परिवार के सदस्य इसे ही स्कूल जाना और पढ़ना समझते रहे।''[21]

फूसावली में लेखक अपने मित्रों के साथ कुछ खेल रहे थे। इस समय गाँव के ठाकुर प्रताप का लड़का वीरू भी बालकीय नासमझ के कारण उसके साथ खेलने लग जाता है। ठाकुर प्रताप जाति का ओछापन कहते हुए सूरजपाल को मारते है। इस प्रसंग को स्पष्ट करते हुए लेखक बताते हैं कि–''मेरा कान ऐंठते हुए ठाकुर ने कहा–''साले भंगिया के मेरे छोरा के संग खेलतू हैं..., ठौर मार दूंगा।'' ... वीरू रोते रोते- कह रहा था–''मो पै पानी क्यों डारि रहे हो?''

''अरे! चुप नालायक, भंगिया के संग खेलकर अपने आप कूं अप्रवित्र कर लीनौ और पूछत है कि पानी के छींटे क्यों डारि रहे हो?''22

सन् 1987 में आत्मकथाकार अपनी बहन धनदेवी की शादी में परिवार के साथ जाते हैं गाँव की मुख्य सड़क से पाँच कीमी को पैदल चलकर जाना पड़ता था। इस समय लेखक की पत्नी विमला को बड़ी भारी प्यास लगती हैं। गाँव के एक सवर्ण के कुएं पर पानी पीने के लिए जाते है। जहाँ उसको सवर्ण किसान के द्वारा जातिगत भेदभाव से अपमानित होना पड़ता है। जैसे कि–''विमला ओक बनाकर जैसे ही पानी पीने को झुकी और एक कदम आगे रखा तो वह बूढ़ा जमींदार दांत पीसता हुआ बोला–''अरे भंगनिया, नेक पीछे कू हट के पानी पी, यह शहर ना है गाँव है, मारे लठिया के कमर तोड़ इर्द जाएगी..., भैंचो-भंगिया और चमट्टा के सहर में जाकै नये-नये लत्त (कपड़े) पहर के गाँव में आ जात है, कछु (कुछ) पतौ न चलतु कि जे भंगिया के हैं कि नाय (नहीं)।''[23]

सन् 1964 में लेखक दूसरी या तीसरी कक्षा में पढ़ते थे। दिल्ली से गर्मियों की छुट्टियों में अपने गाँव फूसावली आये थे। जहाँ वह लल्ला गेंदा बनिये के दुकान पर कडुआ तेल लेने के लिए जाते हैं। दुकानदार की मनुवादी मानसिकता के कारण तेल के पैसे भी बनिये ने पानी के तसला में रखने के लिए कहते हैं क्योंकि अछूत के पैसे शुद्ध (पवित्र) हो जाए। दुकान की चौंतरिया पर चढ़ जाने से भी मार खानी पड़ती है। कितनी बड़ी भयंकर थी दुकानदार की जातिवादी-छुआछूत की मानसिकता। इस प्रसंग के बारे में लेखक ने लिखा है कि–''देख-सामने पानी से भरो तसला रखो है, वा में पैसाडारि दे।'' मैंने सहमते हुए दुअन्नी पानी से भरे तसले में डाल दी। लाला दुकान के अंदर गया और चिमटी उठाकर लाया। उसने चिमटी से दुअन्नी पानी से भरे तसले से निकाल कर अपनी गुल्लक में डाली।''[24]

आत्मकथाकर ने अपने चाचा गुलफान और ठाकुर प्रताप की पुत्रवधू भगवंती की प्रेम कहानी को भी स्पष्ट रूप से बताया है। इस समय में दलितों के बीच इतना छुआछूत होने के बावजूद भी भगवंती दलित युवक गुलफान के प्रेम में पड़ती है इसका कारा उसका पति जयदेव शहर में नौकरी करता था। इसलिए साल में एक-दो महीने अवकाश में घर पर आता था। भगवंती नवयौवना नारी थी। इससे ही स्पष्ट हो जाता है कि भगवंती ने अपना शारीरिक सुख के लिए दलित युवा गुलफान का भरपूर फायदा उठा लिया। तब जाति का भेदभाव कहाँ चला गया? बालक सूरजपाल ने अपने चाचा और ठकुराइन भगवंती प्रणयलीला का तादृश्य चित्र अपनी आँखों से देखते हैं, तब वे दंग रह जाते हैं जैसे कि–

"एक दिन जब मैं दिशा-मैदान के लिए अरहर के खेत में बैठा तो कुछ फुसफुसाहट कानों में पड़ी। मैं देखकर दंग रह गया। ठकुराइन और चाचा आपत्तिजनक अवस्था में थे। वे दोनों मुझे वहाँ देखकर सकपका कर रह गये। ठकुराइन के चेहरे की हवाइयाँ उड़ गयी थी। चाचा से कुछ बन नहीं पा रहा था। बस, वह मेरे ऊपर लात-घूंसे लेकर पिल पड़ा। बरसात कर दी थी। उस समय चाचाने मेरे ऊपर थप्पड़ों की। मैं भैंचक्का उस समय कुछ समझ नहीं पाया। चाचा ने मेरे कान ऐंठते हुए कहा–"सुजपला, तूने यह बात किसी और कूं बताई तो तोय जिन्दो ही धत्ती में गाड़ दूंगा।"[25]

आत्मकथाकार के साथ उस दिन से ठकुराइन ने छूत करना बंध कर दिया था। क्योंकि लेखक उसकी पोल खोल देगा। यहाँ ये दोनों चित्र एक ही कालखंड में जी रहे सवर्ण समाज के दो सोचों को दर्शा रहे थे। उससे भंगी-सवर्ण के बीच शारीरिक संबंध और दूसर तरफ छुआछूत के बीच की खाई समझ में आती हैं।

लेखक ने गुजराती की कहावत के अनुसार 'घर फूटे घर जाय' आत्मकथा में चित्रित किया है। अपने परिवार के ताऊ खचेरा को सवर्णो की चापलूसी करते बताया गया है। भंगी-चमार मौहल्ले की छोटी-छोटी बात भी ठाकुरों तक पहुँचा देते थे। ताऊ खचेरा ने ठाकुर लटूरी को भी यह बात बता दी थी कि–"कल्लन भंगियों को मरे जानवर न उठाने के लिए भड़का रहा है। इस बात से नाराज होकर लटूरी ने जाटव कल्लन चाचा को ताऊ खचेरा से गाँव के लोगों के सामने जूते लगवाये थे, जिससे कल्लन चाचा की आवाज वही दब कर रह गई।"[26] इस प्रकार ताऊ खचेरा को बसीठों ने अपमानजनक कार्य करने के लिए तैयार रखा था।

गाँव के बामन-ठाकुरों की कुटिल चालों से बचने के लिए जाटवों ने कई बार विद्रोह भी किया था। विद्रोह ही नही किंतु मरे हुए जानवरों को उठाना भी

बंध कर दिया था। तो दूसरी ओर भंगियों ने आनंद के साथ उस व्यवसाय को अपना लिया। यहाँ भंगी और जाटव के बीच में एकता की भावना को बड़ी ठेस पहुँचती हैं। दलितों में भी 'विभाजन करो और राज करो' की भावना गाँव के ठाकुर रखते थे। कल्लन चाचा ने बहुत समझाने के बाद भी भंगी मानते नहीं हैं। आत्मकथाकार ने लिखा है कि–"जहाँ एक ओर गाँव के जाटवों ने मरे जानवर उठाना बंद कर दिया वही दूसरी ओर हमारे भंगी मौहल्ले के लोगों ने शुरू कर दिया। जब गाँव के सवर्णों ने देखा कि चमार तो अब मरे जानवर उठायेंगे नहीं तो उन्होंने भंगियों को इस काम के लिए राजी कर लिया, कैसे भला? दो रोटी और सेर भर अतिरिक्त अनाज देकर। गाँव के भंगी फूले नहीं समाये थे उस दिन।"[27]

पंचायत के नाम पर लगी भीड़ के बाद सब अपने-अपने घर की ओर जा रहे थे। ताऊ खचेरा जाटवों के मौहल्ले से जा रहा था। उसी समय ताऊ और जाटवों के बीच में मुठभेड़ होती है। कई लोग घायल भी हो जाते हैं। गाँव के सवर्णों ने समाधान की बजाय थाने में जाकर सूचना दे दी। पुलिस आती हैं और दोनों पक्षों के लोगों को पकड़कर ले जाती हैं। ठाकुर ने अपनी सफाई देते हुए थानेदार से कहा था कि–"थानेदार साब, खचेरा ने इन बेचारे गाँव के चमारों का जीना हराम कर रखा है। लाठी और ताक़त के दम पर जब चाहे चमारों पर हमला बोल देता है...,उस दिन भी मैंने बहुत समझाया, इसे, पर यह माना नहीं और बिना बात के जूता उठाकर सुमरू पर पिल पड़ा।"[28] चाचा के मरने तक यह केस चला। दोनों समाज के लोग इससे बर्बाद हो गए।

माँ की मृत्यु के बाद सूरजपाल को अपने पिता के साथ दिल्ली में रहना पड़ता हैं। रोहनलाल किन्तु परिवार की मूल जड़ों एवं बिरादरी को कभी भूले नहीं थे। अपनी जन्मभूमि एवं बिरादरी के प्रेम के चुंबक से खिंचकर सूरजपाल और उसके पिता ग्रीष्मावकाश की छुट्टियों में फुसावली आ जाते थे। इसी के कारण सन् 1988 में नौकरी से रिटायर होने के पश्चात् रोहनलाल ने सूरजपाल से अपने गाँव फुसावली में स्मृति के रूप में पुरानी कच्ची कुठरिया की जगह एक छोटा सा 'पक्का मकान' बनाने की इच्छा जताई थी। सूरजपाल ने अपनी अनिच्छा के बावजूद फुसावली में रहकर पिता की इच्छा पूरी की थी। इस गाँव के चमार-भंगी दोनों बिरादरी के लोग बहुत खुश हो गए थे। नाराज थे केवल गाँव के बसीठों। भंगी मौहल्ले में पक्का मकान बने यह ठाकुरों को पसंद नहीं था, इसलिए गाँव के जाटवों को अपने घर पर बुलाकर सूरजपाल का मकान स्थगित कराने के लिए कहते हैं।

इस समय ठाकुर की कूटनीति चमारों पूरी तरह जान गये थे इसलिए फुसावली के वसीठों के सामने उन्होंने अपनी एकजुटता दिखाकर बाप-बेटे दोनों का हौसला और भी बढ़ा दिया था।

आत्मकथाकार ने एकजुट का वातावरण बताते हुए लिखा है कि–''प्रभु, कल्लन, सुमरू, परसादी, लोटन और इतवारी सभी के सभी जाटव लट्ठ लेकर हमारे बनते घर के सामने खड़े थे उन्होंने एक स्वर में मेरे पिता का नाम लेकर आवाज लगाई। पिता साथ में बनी कच्ची कुठरिया से निकल कर आये। मैं चन्दू डोकर के नीम के तने का सहारा लिए खड़ा था। लटूरी गाँव के बसीठों के साथ-साथ अपने घर के पास रुक गया था। जो हमारे घर से थोड़ी ही दूर पर था। ''रोहन भैया, तू बना मकान, हम देखते हैं तुझे कौन ससुरा रोकता है मकान बनाने के लिए।'' प्रभु ने पिता के कंधे पर हाथ रखते हुए कहा–''ठाकुर तुमने हमें क्या खचेरा समझ रखा है।... अपना भला चाहते हो तो चले जाओं यहाँ से, वरना ठीक न होगा।''[29]

सन् 1970 में नई दिल्ली में रोहनलाल को सरकारी क्वार्टर मिल गया। इसके बाद रोहनलाल ने अपने विघटित परिवार को एकजुट किया। एक दशक के बाद भी दिल्ली में रोहन लाल की आर्थिक विडंबना कम न हुई। उनकी पारिवारिक स्थिति एवं रहन-सहन निम्नवर्गीय ही थी। वे चतुर्थ श्रेणी के कर्मचारी थे। इसलिए चतुर्थ श्रेणी का ही रहने के लिए क्वार्टर मिला था। वे अपने ऑफिस से मिले खाकी कपड़े ही पहनते थे और सूरजपाल का भी खाकी कपड़े सिलवाते थे। साइकिल से हर रोज नौकरी पर जाते थे। उनके बड़े बेटे सुनहरी लाल उन्हीं के ऑफिस में ढाई रुपए दैनिक पर सफाई का कार्य करते थे। आठवीं कक्षा में पढ़नेवाले सूरजपाल गर्मी की छुट्टियों में एक बार इस स्थिति के लपेट में आ गए थे। 'जीवन बीमा निगम' में परमा के बदले में लेखक दैनिक पाँच रुपये में काम करने लग गये थे। जीवन बीमा के सभी अधिकारी बालक सूरजपाल को सहानुभूति से देखते थे। निगम के खजांची पी. कुमार ने रोहनलाल को कहा था–''पाँच रुपये कमाने के चक्कर में बच्चे का जीवन बर्बाद मत करो, इसे खूब पढ़ाओ-लिखाओ...आज यह पाँच रुपये कमा रहा है कल जब यह पढ़-लिख जायेगा तो पच्चास रुपये रोज कमायेगा।''30 पी. कुमार की इस बात से रोहनलाल ने सूरजपाल को पढ़ाने-लिखाने में अपना सारा ध्यान लगा दिया।

सूरजपाल चौहान ने अपने दलित समाज की सामाजिक कुरीतियों को भी चित्रित किया है। बाल-विवाह जैसी सामाजिक कुरीति से आत्मकथाकार बच तो

गये लेकिन ग्यारहवीं कक्षा में आते-आते विवाह करना पड़ता है। समाज के कुरिवाज बाल-विवाह के चक्कर से सूरजपाल को पाँच-छः वर्षों तक बचाए रखना तथा पढ़ाई की ओर विशेष ध्यान देना रोहनलाल का सर्वश्रेष्ठ विचार था। इसमें शायद पी. कुमार की बात और सूरजपाल की पढ़ाई की ओर बढ़ने की अति आकांक्षा रोहनलाल के मन पर असर कर गई। लेखक ने भंगी समाज की बाल-विवाह जैसी कुप्रथा के बारे में बताया है कि–"समाज में बच्चों का शादी-ब्याह गुड्डा-गुड़िया का खेल समझकर बचपन में ही कर दिया जाता है जिसके कारण वे जीवन-संग्राम में पिछड़ जाते हैं।"[31]

रोहनलाल ने सूरजपाल की शादी 20-21 साल की उम्र में की। शादी का निर्णय उसके पिता का था। सूरजपाल की शादी के बाद रोहनलाल पर घर चलाने के लिए आर्थिक संकट और बढ़ गया। क्योंकि अब उन्हें सूरजपाल के साथ उनकी पत्नी का भी खर्च उठाना पड़ रहा था। इसलिए उनका विचार था कि सूरजपाल कोई जगह पर जपनी नौकरी ढूँढ लें। किंतु इतनी जल्द कहाँ नौकरी मिलती। चार-पाँच महीने के बाद ही लेखक के पिता रोहनलाल ने खटपट करनी शुरू कर दी। पिता की हररोज की खटपट सूरजपाल को कई बार आत्महत्या करने के विचार तक ले जाती है। ससुराल वाले भी लेखक को नौकरी कर कुछ कमाने के बारे में बार-बार ताने मारने लगे थे। शादी के बाद पिता और रिश्तेदार सूरजपाल के जीवन को कुछ कमाओ के पक्ष में थे जबकि उनका अंतरात्मा आगे पढ़ाई करने की ओर सोच रहा था। सूरजपाल को उच्च पढ़ाई कर आत्मसम्मान प्राप्त करने की इच्छा ज्यादा थी। इसलिए उन्होंने अपने जीवन संघर्ष से और पढ़ाई से कभी पीछे हठ नहीं की। उन्हें अपने भंगी समाज की झाडूगीरी वाली मानसिकता से घृणा हो गई थी। वे आत्मसम्मान एवं स्वाभीमान से जीना चाहते थे। उन्होंने जीवन संघर्ष करते-करते बी.ए. की पढ़ाई पूरी कर ली। जीवन की कमानेवाली आकांक्षाएँ अब पूरी होने जा रही थीं। दिल्ली के एक सरकारी ऑफिस में सूरजपाल को नौकरी मिल गई। उन्होंने अपनी बिरादरी और अन्य जातिं के व्यवसाय करने की और प्रश्नचिन्ह लगाया। अपने समाज की तासीर बदलने के बारे में उन्होंने लिखा है कि–"दूसरी जाति के लोग अनपढ़ होते हुए भी सफाई कर्मचारी का काम नहीं करते। वे कोई भी दूसरा धंधा करके अपना पेट भर लेते हैं, लेकिन भंगी जाति के पढ़े-लिखे लोग थोड़ी-सी परेशानी सामने आते ही झाड़ू लगाना स्वीकार कर लेते हैं। बचपन से ही उनके मन में यह बात बैठा दी जाती हैं कि यदि कोई दूसरा काम नहीं मिला तो क्या है, झाडू लगाने का काम तो मिल ही जायेगा।

मेरे समाज के लोग इस काम को अपना जन्मसिद्ध अधिकार मान बैठे हैं। उनमें आत्म-सम्मान की कमी हैं। जिस दिन इस समाज के लागों में आत्म-सम्मान जाग गया, उस दिन इस समाज की तस्वीर का रूख ही दूसरा होगा।''[32]

सूरजपाल को नौकरी मिलने के बाद भी जातिगत छुआछूत के अनुभव का सामना करना पड़ता है। एस. टी. सी. नई दिल्ली में सहायक के पद पर कार्य करते समय प्रशासन प्रभाग के टेलेक्स से सुरक्षा एवं रख-रखान अनुभाग में उनका तबादला हो गया था। वहाँ सब अधिकारी उनके कार्य से बहुत खुश थे किंतु जाति के बारे में पता चलने पर सब नाराज हो जाते हैं और उसके साथ व्यवहार भी बदल देते हैं। उन्होंने लिखा है कि–''मेरी जाति के विषय में जानकर ही गुप्ताजी ने मेरे साथ इस तरह का व्यवहार किया। जो व्यक्ति मेरे ऑफिस के कार्य से खुश था। हरदम मुझ पर प्यार उँडेलता रहता था। सभी छोटे-बड़े अधिकारियों के सामने मेरी तारीफ के पुल बाँधता फिरता था, आज यह जानकर कि मैं..., मुझसे नफरत करने लगा।... मैं तो सोच में डूबा हुआ था कि ब्रह्मराक्षस आज फिर मेरे पीछे पड़ गया।''[33] सूरजपाल ऑफिस के काम में ईमानदार, निष्ठावान कर्मचारी थे किंतु अफसरसाही ने उन्हें दिखा दिया था कि नौकरी के मालिक स्वयं नहीं हो। नौकरशाही में उच्च जातिगत भेद के चलते सूरजपाल की ईमानदारी, वफादारी, उत्साह उनकी सबसे नीची जाति के नाभ पर घृणा होकर रह गई थी। वर्णव्यवस्था के तहत होनेवाली जातिगत छुआछूत का भेद का विष केवल शिक्षा तक लेखक को नहीं जेलना पड़ा किंतु जीवन के प्रत्येक क्षेत्र में जाति का भूत उसके ऊपर सवार था। फिर भी वे हारे नहीं थे। वे हारने वाला इंसान नहीं था। लेकिन कुरुक्षेत्र के मैदान में अभिमन्यु की तरह टूटे हुए पहिए की सहायता से अक्षौणी सैन्य को मार कर अपने आपको धन्य मानने वाले व्यक्ति थे। इसलिए तो वे आज भी साहित्य रूपी कागज की तलवार से लोहे को काट रहे हैं।

लेखक ने अपनी ही शडेयूल्ड-कास्ट के कर्मचारियों के बारे में लिखा है कि–''अधिकतर बड़े-बड़े व ऊँचे-ऊँचे पदों पर विराजमान शेडयूल्ड-कास्ट अधिकारी अपने आपको शेडयूल्ड-कास्ट मानते ही कब हैं? ऐसे अधिकारी अपने आपको शेडयूल्ड-कास्ट मानें या ना मानें लेकिन श्याम गुप्ता या एस. एस. माथुर जैसे सवर्ण लोग तो इन्हें शेडयूल्डकास्ट ही मानते हैं और मानते रहेंगे।''[34]

31 अक्टूबर 1984 के दिन देश का तत्कालीन प्रधानमंत्री श्रीमती इंदिरा गाँधी की सिखों द्वारा हत्या कर दी गयी थीं। इस निर्मम हत्या के बाद पूरे भारत देश में सिखों के प्रति प्रतिशोध के लिए लोगों का रोष बढ़ रहा था। उसी दिन

लेखक अपने सरकारी क्वार्टर एस. टी. सी. कालोनी जा रहे थे। उसके साथ अपनी ही ऑफिस के साथी सरदार एन. एस. उप्पल भी थे। लेखक और बालकृष्ण दोनों ने सरदार को दंगाई के मौत के मुँह से बचाया था। लेकिन वही सरदार चौदह साल के बाद (1998) सूरजपाल के उपकार को भूल जाता है। और एक चुनावी ड्यूटी के स्थल एवं जाति विशेष की समीक्षा करके भंगी चमार जातियों के बारे में उन्होंने कहा कि–"तू तां चंगी किस्मत पाई है कि तेरी चुनावी ड्यूटी शकूरबस्ती दे संतनगर इलाके विच लगी सी। मेरी तां ड्यूटी बड़े ही गंदे इलाकेच लगी सी यार।"

"कहाँ लगीं थी उप्पल तुम्हारी ड्यूटी?" मैंने उनसे पूछा।

"ओ बस पूछ न यार, मेरी तां मंगोलपुरी दे चुहड़ियाँ दे इलाकेच लगी सी। ऐ साले चूहडे-चमार किन्ने गंदे हन, मैंने तो ओसे दिन जाना यार..., बिना नाहे-धोए साले आ जांदे इन वोट पाण नू..., चूहड़े तो चूहड़े होंदे हन।"...31 अक्टूबर, 84 का दिन भूल गया, जब अपनी जान पर खेलकर तेरी जान बचाने वाले वही लोग थे, जिन्हें तू आज चहूड़े-चमार कह रहा है,..."ओ तू कौन होंदा है बचान वाला, बचान वाला तो रब होंदा है।"[35]

आत्मकथाकार ने अपने समाज के लोगों के बारे में भी खुलकर बात की है। अपने समाज की पोल खोलने में भी वे पीछे नहीं रहे हैं। अपने श्वसुर की बस हादसे में मृत्यु के बाद पोस्टमोटम शवगृह से शव को प्राप्त करने में कई कठिनाईयों का सामना करना पड़ता है। मृतदेह के लिए कफन, अर्थी व हवन-सामग्री आदि के लिए रुपए देकर अपने ही विरादरी के मदनलाल को भेजते हैं। श्मशान घाट पर कई घंटों तक उसकी प्रतीक्षा करते हैं। जब वे आए तो कफन के रुपए के शराब पीकर लड़खड़ाते कदमों से–जैसेकि–"उसके मुँह से शराब की बू के भभके आ रहे थे। चिता को मुखाग्नि दी जा चुकी थी। श्मशान का पण्डित जोर-जोर से मंत्रों का जाप कर रहा था। मदन लड़खड़ाते कदमों से अब चिता के नजदीक आ चुका था। उसने तुरंत अपनी पतलून की जेब से शराब का अद्धा निकाला और डॉट खोलकर गटागट चार-पांच लंबे-लंबे घूँट खींच गया। बाकी की बची दारू उसने जलती चिता पर उँड़ेल दी और मृतक का नाम लेते हुए बोला–"ले भैया शेरसिंह-पीता जा, भगवान तेरी आत्मा को शान्ति दे।"[36]

आत्मकथाकार के श्वसुर की तेहरवीं के दो दिन पहले तक मदनलाल के बीच शाब्दिक युद्ध चलता रहा कि इस दिन नात-रिश्तेदारों के खाने के लिए सूअर का मांस बनाकर खिलाया जाए। वे समाज के लोगों के ऐसे कुविचारों से दूर

रखना चाहते थे। इसलिए समझाने की बहुत कोशिश करते हैं कि–"तेरहवीं में मांस-मदिरा का कार्यक्रम उचित नहीं है।..."लेकिन मेरी बातों का उसके ऊपर कोई असर दिखाई नहीं दिया।..." देश के अन्य दलित बाबा साहेब अंबेड़कर की शिक्षाओं अपनाकर आज कहाँ से कहाँ पहुँच गए हैं।...एक तुम हो कि तेरहवीं वाले दिन भी सूअर का मांस और दारू..., मैं लगातार बोले जा रहा था।...कि तभी मदनलाल उठा और मुझे बीच में ही टोकते हुए बोला–"यह जंवाई का बच्चा किसी चमार की औलाद लगता है। अरे महामूर्ख! हमारे गुरू तो महर्षि वाल्मीकि हैं, हमें अंबेडकर से क्या लेना-देना। बंद कर अपनी बकवास, इतनी देर से चमार-राग अलापे जा रहा है।"[37] इससे स्पष्ट हो जाता है कि सवर्णों और दलितों के बीच जातिवादी सोच जगजाहिर है लेकिन यहाँ तो दलितों में भी जातिवादी ऊँच-नीचता का भाव स्पष्ट है। लेखक ने साहित्य के माध्यम से अनुसूचित जाति में भी भंगी, चमार के भेद को समाज के सामने रखा है। यह आत्मकथाकार की ईमानदारी की ओर ईशारा है। दलितों में भी ब्राह्मणवादी सोच को स्पष्ट करते हुए सन् 1990 की घटना का उल्लेख किया है। अपने चचेरे भाई की शादी में...शामिल होने के लिए अपने गाँव सहपरिवार इक्के में जा रहे थे। इसी समय रास्ते में पैदल चल रहे मुसाफिर ने हाथ से इक्के को रोकने का संकेत किया। लेखक ने उनको इक्के में बिठा लिया। इक्के में बैठने के बाद बातों-बातों में से पता चला कि बिठाने वाला व्यक्ति भंगी बिरादरी का है। तो वे इक्के में से उतर जाते हैं।...तांगेवाले को भी इस घटना पुरी समझ में आ गई थी। लेखक के दिल को इस समय भारी चोट लगती है। इस प्रसंग को चित्रित करते हुए उन्होंने लिखा है कि–"इक्के वाले ने जमीन पर ऐसे थूका मानो उसने मनु की बनाई व्यवस्था ५र थूका हो–"आया साला बामन का चौदा..।" बड़बड़ाते हुए इक्के को आगे बढ़ाया। उस समय मुझे लगा कि तांगे से उतरने वाला व्यक्ति अवश्य ही गाँव का बनिया या बामन होगा, इसलिए वह मेरे चचेरे भाई राकेश का नाम सुनकर तांगे से उतर गया।...इक्के वाला बोला–"बाबूजी अभई जो आदमी उतर कै गयौ है, तुम्हारे ही गाम कौ है।"

"हूँ" मैंने बस हुंकारा भरा।

"याकी जाति के बारे में तुम जानतौ।"...।

"अरे–होगा कोई बनिया-बामन।"...।

"नाय साब, जै बनिया-बामनों में ते नाय है।"

"...तो होगा कोई ठाकुर"

"नाय, ठाकुर-वाकुर भी नाय।"

"तो फिर कौन था?"

"तुम्हारे गाम कौ भूदेवा चमार है ना, बाकौ छोरा है।" इक्के वाले की बात सुनकर मैं दंग रह गया, दलितों में भी ब्राह्मणवाद।"[38]

8 जनवरी, 1994 में आगरा में अ.भा. हिंदी साहित्य सम्मेलन के नाम पर राजकीय पार्टीवालों का एक भव्य सम्मेलन आयोजित किया गया था। उसके उद्घाटन सत्र में ही प्रत्येक वक्ता ने मुस्लिम समाज के ऊपर एतराज व्यक्त किया। लेखक को इस समय बहुत भारी दुःख हुआ। उड़ीसा से आए हिंदू मानसिकता वाले साहित्यकार ने शहीद अब्दुल हमीद को शहीद मानने में अपना विरोध किया। दूसरी गोष्ठी में फरूखाबाद से आए श्याम निर्मोही ने हिंदूवादी जड़ मानसिकता की ओर संकेत करनेवाले शास्त्रों के बारे में उन्होंने कहा—"हमें अपने वेदों की चर्चा अब कतई नहीं करनी चाहिए। वेद-शास्त्रों में ऊँच-नीच, छुआछूत, लोक-परलोक, आत्मा-परमात्मा की ही चर्चा है। इन वेद शास्त्रों की वजह से ही हमारा देश सैकड़ों वर्षों तक विदेशियों का गुलाम रहा है।"[39] आत्मकथाकार ने भी श्याम-निर्मोही की तरह दलित वोट बैंक का राजकीय पक्ष किस तरह उपयोग कर रहे हैं, उसकी ओर ईशारा करते हुए उन्होंने कहा था कि—"आज हम सभी को देश के दलितों की याद आ रही है। काल तक देश के दलितों को नीच अछूत समझते थे। देश के सवर्ण और उनके पुरखें उन्हें कुत्ते-बिल्ली से भी नीच समझते आए हैं, उन्हें मंदिरों तक में जाने से रोका जाता है और आज दलित इन्हें अपने भाई-बहन नज़र आते हैं। शायद ऐसा लगने लगा है कि बिना दलित वोटों के अब सवर्ण इस देश पर राज नहीं कर सकते।"[40]

संगोष्ठी के समापन-समारोह में आत्मकथाकार ने भाजपा व संघ के एक कार्यकर्ता को प्रश्न पूछा कि दलितों को अपनी ओर करने के लिए आप क्या कर रहे है? सवाल के उत्तर में उन्होंने कहा था कि—"रक्षाबंधन जैसे त्यौहारों के अवसर पर हम अपने कार्यकर्ताओं के साथ चूहड़े-चमारों के घर जाते है और मिठाई तथा छोटे-मोटे उपहारों के साथ उनकी बहन-बेटियों से राखी बंधवाते हैं। ऐसा करने से इन चूहड़े-चमारों पर हमारा अच्छा प्रभाव पड़ता है। ये छोटी जाति के लोग बड़े खुश कहाँ होते हैं जब हम इनके घर जाते हैं।"[41] इस बात को सुनकर आत्मकथाकार इतप्रभ रह गए थे। इन सारी सवर्णों की साजिशों से दलितों को जागृत होकर एकजुट रहना चाहिए। वर्ना आगे क्या होगा कहा नहीं जाता।

लेखक का तबादला दिल्ली से गुजरात के गांधीधाम में हो जाता है। वहाँ

पर भी उनको जातिभेद का बड़ा अनुभव होता है। यह जातिभेद कतई ऑफिस के अंदर और बाहर भी था। जातिवादी ब्रह्मराक्षस तो उसके पीछे पड़ा ही था। दिल्ली से गांधीधाम आने पर भी उनको उसका सामना करना पड़ता है। नौकरी के समय अपने ही सरकारी क्वार्टर में रसोई बनानेवाली पुष्पा नाम की गोस्वामी जाति की औरत से लेखक को अपनी जाति के विषय में अपमानित होना पड़ा था। फिर भी जब पुष्पा के पति की अस्पताल में भर्ती के समय अपना मानवीय कोमल तंतु के कारण पांच सौ रुपए देकर सहायता करते हैं, जबकि उसके अन्य सवर्ण साथी मदद करने के बहाने बनाने लगे थे। आत्मकथाकार का तबादला अब गांधीधाम से दिल्ली हो गया था। लेखक दिल्ली जाने के लिए रेलवे स्टेशन पर आते है। उसी समय पुष्पा लेखक के पास आती हैं। और हाथ जोड़कर माफी माँगने लग जाती हैं। उन्होंने कहा था कि–"सचमुच सर, आप तो बहुत अच्छे हैं। आप पढ़-लिखकर बड़े आदमी बन गए हैं...।" वह लगातार बोले जा रही थी। आज उसे मेरे भंगी होने पर एतराज नहीं था। उसे हैरानी थी कि क्या भंगी भी अफसर हो सकता है?"[42]

13 नवंबर 1997 की रात्रि के समय लेखक ने अपने दत्तक पुत्र जय की शादी के अवसर पर एक पार्टी का आयोजन किया था। उसमें कई साहित्यकार उपस्थिति रहे थे। इस समय ओमप्रकाश वाल्मीकि और किशोर 'कौशल' के बीच साहित्यिक विसंगतियों की चर्चा होती है। किशोर की कविता 'गाँव और शहर का अंतर' सुना तो ऐसा लगता है आपका गाँव आदर्श गाँव है। जहाँ कोई सामाजिक भेदभाव जैसी चीज दिखाई ही नहीं देती। वाल्मीकि की इस बात से किशोर 'कौशल' तिलमिला उठें और उन्होंने सफाई देते हुए कहा था कि–"मेरे गाँव में दलितों के मौहल्ले पश्चिम की ओर ही हैं। मैं स्वयं एक दलित (कोरी) हूँ और आर्य-समाजी भी..., मेरे गाँव में छुआ-छूत और भेदभाव नहीं है।"...। वाल्मीकिजी ने पूरे आत्मविश्वास के साथ कहा–"जहाँ हिंदू नाम का प्राणी रहता है वहाँ जात-पात रहेगी ही, जात-पात है तो भेद-भाव रहेगा। हाँ उसके रूप में अंतर आ सकता है।"[43]

देवेंद्र सत्यार्थी का नब्बे वां जन्म मनाया जा रहा था। उस दिन किशोर कौशलने लेखक को जानकारी दी। देवेंद्र सत्यार्थी के विषय में चर्चा करते हुए उन्होंने सूरजपाल के ऊपर कई प्रकार के प्रश्न करते हुए कहा था कि–"तुमने देवेंद्र सत्यार्थी जी को पढ़ा ही कितना है..., तुम या तुम्हारे दलित साहित्यकार अपने आपको साहित्यकार होने का ढिंढोरा पीट रहे हैं..., तुम्हारे लिखने से दलितों का क्या भला हो रहा है? तुम लोग तो दलितों और सवर्णो के बीच की खाई को चौड़ा

करने में लगे हो..., तुम्हारे लिखने से क्या समाज बदल जाएगा...? तुम या तुम्हारे दलित साहित्यकार मुंशी प्रेमचंद, निराला या नागार्जुन से बड़े नहीं हो गए हो।''[44]

आत्मकथाकार आर्यसमाजी मित्र किशोर कौशल्य के घर में चार सितंबर, 98 के दिन बच्चे के नामकरण के कार्यक्रम में गए थे। उसके आदर्श गाँव को देखकर लेखक भौचक्का रह जाते हैं। आजादी के कई सालों बाद देश के अन्य गाँवों की तरह यह गाँव भी भारतीय हिंदू समाज की गहरी खाई में सड़ा हुआ नजर आया। किशोर कौशल की कथनी और करनी में बहुत भारी अंतर देखने को मिला। उसके घर में हिंदू देवी-देवताओं के कई चित्र थे। उसमें एक था 'बाली-सुग्रीव संग्राम' था। उसमें बाली को मारने के लिए रामचंद्र अपने हाथों में धनुष-बाण लिए निशाना साध रहे थे। इस चित्र को देखकर आत्मकथाकार के मन में डॉ. अंबेड़कर और हिंदू-संस्कृति पर कई विचार आए। जो उन्होंने आत्मकथा में बताया है कि—''आज भी 'हिंदू संस्कृति' के बाण से बाबा साहेब अंबेड़कर द्वारा देश के दलितों को दिए गए अमर संदेश 'शिक्षित बनो, संगठित रहो, संघर्ष करो' को भेदकर क्षत-विक्षत कर दिया है। दलितों में फैली हिंदू संस्कृति देश के दलितों को एक नहीं होने दे रही। हिंदू संस्कृति के छल-प्रपंच व कपटी तीर से घायल देश के सभी दलित अलग-अलग पड़े हुए है।''

घर के अंदर बैठे एक बुजुर्ग से मैंने दबे स्वर में पूछा—''ताऊ, तुम दलित होकर दूसरे दलित से अपनी जूठन उठवा रहे हो..., कम से कम एक दलित को दूसरे दलित के साथ ऐसा व्यवहार आज के युग में नहीं करना चाहिए।''[45]

आत्मकथाकार ने दलित समाज में फैली विसंगतताओं को भी प्रामाणिक रूप से आत्मकथा में चित्रित किया। दलितों में भी दलित जाति भंगी की असहनशील वेदना को व्यक्त किया है। 'दलितों के द्वारा दलितों का शोषण' की बात शर्मनाक हैं। दलितों में जातिवाद का भूत अवश्य सवार है। इसने दलितों की एकजुट होने की भावना को चूर-चूर कर दिया है।

लेखक ने आत्मकथा में अपने दत्तक पुत्र जयप्रकाश के आधुनिक सोच में स्त्रीओं के प्रति आकर्षण को बताया गया है। सुपर्णा, भावना आदि के प्रति उसकी खींचावट अवश्य स्पष्ट की है किंतु विमला और जय के संबंधों को खुलकर नही बता पाए है। उससे आत्मकथाकार की प्रामाणिकता और ईमानदारी पर कई सवाल पैदा होते हैं।

आत्मकथाकार ने आकाशवाणी, नई दिल्ली में आयोजित 'जातिवाद का फैलता ज़हर' कार्यक्रम में भी दलितों की आर्थिक और सामाजिक प्रतिष्ठा क

प्रश्न उठाया तो वहाँ विरोध का ज्वालामुखी जल गया। और इस प्रश्न पर हुई चर्चा को ही रिकाडींग से निकाल ही दिया गया। ब्राह्मणवादी मानसिकता के रोगियों ने सूरजपाल के साथ आखिर यह कैसा न्याय किया? सूरजपाल चौहान ने प्रेस मीडिया और इलैक्ट्रोनिक मीडिया को भी दलितों का विरोधी बताया है। यह बात भी सच है कि मीडिया पर केवल सवर्णों का ही राज है दलितों का नहीं। यदि दलितों के शोषण, प्रताडन की बात आती है तो मीडिया उस तरह नहीं बढ़ायेंगा जैसे सवर्णों की बात को सजाता-सँवारता है।

आत्मकथाकार ने दलितों में भी वाल्मीकि और चमार के भेद रेखा को स्पष्ट किया है। राजपालसिंह का भंगी के घर भोजन करने की बात कहना अपने को वाल्मीकियों से श्रेष्ठ बताने का प्रयास ही था। 11 अक्टूबर 1998 के दिन डॉ. अंबेड़कर फाउण्डेशन, नई दिल्ली में दलित कहानियों पर विचार-विमर्श करने के लिए एक गोष्ठी का आयोजन किया गया था। कई दलित साहित्यकार भी उपस्थित थे। इस समय ओमप्रकाश वाल्मीकि की कहानी (इण्डिया टुडे में) 'शवयात्रा' पर खुले मन से चर्चा करते हुए डॉ. शिवराज सिंह ने वाल्मीकि समाज के प्रति अपने समाज का दृष्टिकोण बताते हुए कहा, जिसका सूरजपालने अपनी आत्मकथा में जिक्र किया है कि–"हम चमारों या जाटवों का व्यवहार वाल्मीकि समुदाय के लोगों से कोई अधिक अच्छा नहीं रहा है। तथाकथित सवर्ण जातियों की तरह हम भी कहीं-न-कहीं उनसे भेदभाव की दृष्टि रखते हैं..., हमें अपने गिरेबान में भी झांक कर देखना होगा..., वाल्मीकि की कहानी 'शवयात्रा' हमें यही संदेश देती हैं।"[46]

आत्मकथाकार को 'स्कैन' (शैड्यल्डकास्ट एसोसिएशन, नौएडा) के सदस्य बनते समय फार्म में उपजाति 'वाल्मीकि' बताया गया तो सभी ब्राह्मणवादी मानसिक सोच रखनेवाले दलित हत-प्रत हो जाते हैं। उस समय लेखक को भारी सदमा लगा। उसका उल्लेख करते उन्होंने लिखा है कि–"जैसे ही अपनी उपजाति 'वाल्मीकि' लिखी कि वहाँ मौजूद सभी पढ़े-लिखे दलित एक-दूसरे के चेहरों की ओर कुछ क्षणों तक अपलक देखते रहे। कोई कुछ बोल नहीं रहा था–सन्नाटा, एकदम से–'पिन-ड्रोप सायलैंस' ।..."अरे वाल्मीकि हो और प्रबंधक के पद भी कार्य करते हो...।"[47]

सूरजपाल चौहान ने दलितों में दलित विमर्श और उपजातिवाद की ओर अवश्य ईशारा किया है। वे चाहते है कि जब दलित सामाजिक और सांस्कृतिक रूप से एकजुट हो जाए तो उपजातिवाद का कल्मष नष्ट हो सकता है। तभी ही डॉ. अंबेड़कर के विचार सार्थक होंगे।

लेखक को कई बार सवर्ण साहित्यकारों से अपमानित होना पड़ा है। आशारानी व्होराने एक काव्य गोष्ठी में दलित साहित्य को नकारा है। लेखक और उसके बीच इस विषय में खिचातानी हुई थी। बिहार से प्रकाशित 'शंबूक' पत्रिका अपने नौकर के द्वारा लेखक के घर भेजना मनुवादी मानसिकता का कारण बताया गया है। इस पत्रिका को लेखक खूद वापिस करने के लिए व्होराजी के घर जाते हैं। वहाँ पर बहस होती हैं, चाय पीने का आग्रह व्होराजी करती है। उस समय उन्होंने अपने ऊँचे स्थर में कहा था–"नहीं पीनी मैंने तुम्हारी चाय, तुम्हारी इस एक कम चाय में करोड़ों दलितों का अपमान भरा है...अपमान के घूँट बार-बार पीने की आदत अब मैं भूल चुका हूँ।"[48]

लेखक को सवर्णो की बात तो ठीक है किंतु अपने दलित समुदाय के लोगों, अधिकारियों से भी अपमानित होना पड़ा है। दलितों में भी चमारवाद की बात लेखक के मन को झकजोर कर रखती हैं। पढ़े-लिखे दलितों की उपजातिवादी दलित मनुवादी मानसिकता के गुजरात के गांधीधाम में वाहन चालक के साक्षात्कार पर डी. वेणु बाबू के अपने ही जाति के उम्मेदवार लेने के पक्ष से चमारवाद की पोल खुल जाती है। तीनों उम्मीदवार में से प्रकाश देवरिया सशक्त उम्मीदवार होने के बावजूद भी 'भंगी' को लेना नहीं चाहते थे। लेखक देवरिया को लेने के पक्ष में अपनी बात डी. वेणुबाबू से करते हैं कि–"सर, प्रकाश चंद देवरिया नाम का उम्मीदवार दलित ही है।" बाबूजी ने सफाई देते हुए कहा–

'डैट इज ओ.के. बट ही इज भंगी।"...

"...तुम पागल हो क्या? भंगी जाति का आदमी कहीं भी झाडू लगाकर अपना पेट भर लेगा..., यदि चमार को नौकरी नहीं मिली तो वह बेचारा कहाँ जाएगा..., नहीं रखना भंगी को ड्राईवर की नौकरी पर।"...मदन बथवार मेरा रिश्तेदार नहीं है...बस, वह मेरी जाति का है। मैं चाहता हूँ कि इन दोनों पदों पर मेरी जाति के लोगों का चयन हो।"[49] इस बात को सुनकर लेखक के पेरों तले जमीन छीटक गई थी। दलितों में भी चमारवाद, जाटववाद, सूअर खटीक, बकर खटीक, भंगीवाद आदि वादों से लेखक बहुत चिंतित थे।

गांधीधाम में मि.आर.पी. गोयल और श्रीमती गोयल के नवरात्रा के अवसर पर अपने घर भोजन के लिए पाँच कन्याओं की आवश्यकता पड़ती हैं। जे. जे. झालाने पाँच के बदले चार कन्याओं को ही लेकर आते हैं। अब एक कन्या के लिए प्रश्न हुआ। इस समय एक साफ-सुथरी लड़की उसके दरवाजे के समीप आ कर खड़ी हो जाती हैं। श्रीमती गोयल खुश हो जाती हैं। जब उसे पता चला

कि कैलाशबहन (दलित) की लड़की है तो उसको झटका लगा। फिर चार कन्याओं से ही भोजन करा देते हैं। उसमें उसकी जातिवादी मानसिकता स्पष्ट हो जाती हैं।

अक्टूबर 1997 में हजारीबाग (पटना) में रमणिका फाउण्डेशन एवं विनोबा भावे विश्वविद्यालय के तत्त्वाधान में आयोजित सेमिनार के अवसर पर नमकीन के डिब्बे में हाथ डालते दुकानदार के द्वारा भी अपमानित होना पड़ता है। दुकानदार कहने लगा–"नमकीन को हाथ लगाकर मत छुओ।"

"मैंने कहा–क्यों भाई, क्या बात है? चख देखकर ही तो खरीदेंगे।"

"नहीं, यहाँ सभी को पता है कि दलितों का सम्मेलन है और आप उसमें आए हुए हैं...,कोई देख लेगा तो मेरा नमकीन नहीं बिकेगा।"[50]

आत्मकथाकार के घर नोएडा में एक भोज का कार्यक्रम रखा गया था। नात-रिश्तेदारों के साथ अपने साथी कर्मचारियों भी आमंत्रित किया गया था। कई कारण वश अनीता गुप्ता नहीं आ सकी थी। उसकी साथी 'चीफ मार्केटिंग मैनेजर ने अनीता को कहा था कि–"अनीता तुम नहीं जा रही हो अच्छा ही है..., मुझे मजबूरी में जाना पड़ रहा है, सूरज डिप्टी मैनेजर है तो क्या, है तो भंगी ही।"[51] दलित जाति के कर्मचारी चाहे शिक्षा एवं कार्यकुशलता में भी आगे हो किंतु उनकी पहचान जाति के आधार पर ही होती हैं। उसका उदाहरण अपनी ही ऑफिस के दलित कर्मचारी के वार्षिक गोपनीय रिपोर्ट भरने पर चीफ मार्केटिंग मैनेजर ने कहा था कि–"यार तुमने इन शिडियूल्ड कास्टों को भी उत्तम रिपोर्ट दे दी, इन्हें तो गुड दो तो वैरी गुड और वैरी गुड दो तो एक्सीलेंट अपने आप ही हो जाती हैं।"[52]

'तिरस्कृत' आत्मकथा में तिरस्कार की स्वानुभूति का यथार्थ चित्रण किया गया है। आत्मकथाकार को प्रत्येक स्थानों पर अपनी जाति के कारण तिरस्कृत होना पड़ता है। आत्मकथा के हर एक प्रसंग में जातिगत छुआछूत की बारिश आत्मकथाकार के ऊपर बहुत बरसी है। इसलिए हम कह सकते हैं कि 'तिरस्कृत' में दलित-विमर्श की बात पूरी गहराई तीक्ष्णता, साहस और भोगे हुए यथार्थ के साथ चित्रित हुई है। लेखक ने बताया है कि जातिगत भेदभाव का जहर मात्र शिक्षा तक सीमित नहीं था, किंतु नौकरशाही के साथ-जीवन के अनेक क्षेत्रों में व्याप्त दिखाई देता हैं।

'तिरस्कृत' में गुलामी और जातिभेद के विरुद्ध चेतना है। इसमें स्वतंत्रता, समानता, बंधुत्व और न्याय आदि मूल्यों की बेहद चर्चा है। इसमें बहुजन समाज की व्यथा कथा को वाणी देने की, उन्हें ढांढ़स बांधने की, शासन सत्ता-छुआछूत,

वर्णव्यवस्था से टकराने की, विद्रोह और नए समतावादी समाज स्थापना करने हेतु भी विमर्श किया गया है। सूरजपाल की तरह डॉ. इंद्रबाहदुर सिंह की कविताओं में भी दलित-विमर्श की बेखूबी चर्चा की गई है। आज भी गाँवों में दलितों पर अत्याचार होते हैं, उनके घर जलाए जाते हैं। उन्होंने भारतीय प्रजातंत्र का पर्दा खोला है–

"...करता एहसास सारा गाँव
अलग-अलग है घाट
अलग-अलग है ठाँव
मत्स्यन्याय का पलड़ा पड़ता भारी
'मनु' के लोकतंत्र में पिसते कमजोर...
जिनके पास सब कुछ है, वे चाहते हैं और
जिनके पास कुछ भी नहीं, उनकी चाहत
समर्थ को पहुँचाती चोट और आगे भी पहुँचाएगी...

× × ×

और सारा समाज जाता बिखर
जड़ में होता कोई तालाब
कोई नदी, कोई परती ज़मीन
या बटाईदारी, मज़दूरी का सवाल।"[53]

डॉ. दयाशंकर त्रिपाठीजी ने 'तिरस्कृत' के बारे में लिखा है कि–"'तिरस्कृत' के पूर्व हिंदी में जो दलित आत्मकथाएँ प्रकाशित हुए उनकी वस्तु में सूरजपाल ने कुछ नया जोड़ा है और तारतम्यता वाली उनकी जो लेखन पद्धति है उसे भी कुछ हद तक तोड़ा है। इस प्रकार तिरस्कृत पूर्ववर्ती दलित आत्मकथा की परंपरा को समृद्ध तो करती ही है, और पहले से भी अधिक गंभीर दायित्व के एहसास और निर्भीकता के साथ उसे कुछ नए ढंग से आगे भी बढ़ाती है। तिरस्कृत में जहाँ-तहाँ समय और घटनाओं में व्यतिक्रम है, पर उसकी संरचना की खूबी यह है कि एकाध जगह छोड़कर उसमें आरंभ से लेकर अंत तक आंतरिक वैचारिक सुसंगति है और अंतः सूत्रता भी।... हिंदी दलित आत्मकथा परंपरा में निश्चित रूप से यह गुर नया है। इसीलिए तिरस्कृत सबसे अधिक विवादास्पद और चर्चास्पद आत्मकथा की हद तक पहुँच गई।"[54]

हिंदी के कई दलित और गैरदलित साहित्यकारानें भी 'तिरस्कृत' पर अनेक सवाल खड़ा किया है। दलित कथाकार मोहनदास नैमिशरायने तिरस्कृत की समीक्षा करते हुए लिखा हैकि-''हम नहीं कहते कि उन्हें आत्मकथा लिखने के लिए बुढ़ापे का न सही, रचनाधर्मिता की परिवक्ता की प्रतीक्षा तो करनी चाहिए थी। केवल आक्रोशमय होने से तो आत्मकथाएँ नहीं लिखी जाती? गंभीर लेखन के लिए समूचे समाज से संवाद हेतु ठहराव चाहिए। सूरजपाल ने आत्मकथा में व्यर्थ के उदाहरण दे देकर तारतम्य को खत्म भी किया है। जैसा मैंने पहले लिखा कि उन्होंने कलम को हथोड़ा बना लिया। जहाँ भी कुछ विषमतापूर्ण देखा, वही हथौड़ा चला दिया। सड़क पर अगर किसी व्यक्ति में वह सब देखा तो चलते-चलते हथौड़े का इस्तेमाल कर दिया। उन्होंने हथौड़ा मारने से पूर्व पलभर सोचा तक नहीं। असल में उनके भीतर की कुंठाओं, दर्द, पीड़ा ने उन्हें इतना बेचैन कर दिया कि गंभीरता पूर्वक लिखने का अवसर ही खो दिया।''[55]

डॉ. रजत रानी मीनू ने भी आत्मकथाकार पर कई आरोप लगाए है और नारीवादी स्थिति के पक्षधर बनकर लिखा है कि–''आत्मकथा पुस्तक में लेखक वाकई डंडा लेकर खड़ा है। इस डंडे से उसका अपना घर भी बर्बाद हुआ है। पत्नी पर भी डंडे की मार इतनी तीव्र पड़ी है कि वह घर से बाहर दूसरे की छत के नीचे कराह रही है। यहाँ बिना प्रमाण के एक पक्ष को तो दोषी मान लेना उस स्त्री के साथ नाइंसाफी होगी जो आज अपना घर खो चुकी है। कारण क्या रहे कौन दोषी है यहाँ मैं उस गहराई में नहीं जा रही। न ही उसकी वकालत कर रही हूँ परंतु मुझे ऐसा लगता है कि यह आत्मकथा के अंक नहीं होने चाहिए। क्योंकि तत्काल घटी घटनाओं के रिजल्ट आने में समय लगता है। कई बार आपसी गलत-फहमियाँ दूर हो जाती है। ऐसी स्थिति में इस तरह के प्रसंगों को देना क्या जल्दबाजी नहीं है? एक स्त्री होने के नाते मैं स्त्री के मर्म को समझ सकती हूँ। यह त्रासदी है कि दलित स्त्रियाँ कथाकार मन्नू भंडारी नहीं है जो पतियों द्वारा लिखी आत्मकथाओं में अपनी आलोचना की सफाई दे सकें। या अपना पक्ष प्रकट कर सकें।''[56]

दलित जीवन की पीड़ा दलित ही जान सकता है क्योंकि उन्होंने ही भोगा और सहा है। केवल सहानुभूति से सांत्वना मिल सकती हैं और कुछ नहीं। फिर भी 'तिरस्कृत' पाठकों को हिला देती है। द्वारका भारती ने लिखा है कि–''सचमुच ही यदि लेखक व लेखक के पिता की आंखों से अश्रुओं की अविरल धारा बह सकती है तो पाठक की आंखों की कोरें क्यों न नम होगी? सचमुच पाठक के संपूर्ण वजूद को हिलाने में सक्षम है यह रचना।''[57]

आत्मकथाकार ने कई प्रसंगों में सवर्णों के बाद दलितों में भी ब्राह्मणवादी सोच का पर्दाफास किया है। दलित समाज में चमार भंगी समाज से अच्छी हालात में है इसलिए भंगियों के साथ उसका व्यवहार जातिभेद की भावना पर है। खुद सूरजपाल चौहान भी इस मतभेद का शिकार बने हैं। उन्होंने आत्मकथा में इसी दृष्टिकोण से भंगी और चमारों के बीच अंतर्विरोधों का खुल कर चित्रण किया हैं। उससे दलित-दलित विमर्श की विभावना खड़ी हो सकता है। उन्होंने स्पष्ट किया है कि गाँव में गुलामी-अत्याचार-बेगारी आदि से मुक्ति पाने के लिए सबसे पहले चमारों में आई थी। किंतु भंगियों ने उनका विरोध किया और मरे हुए पशु की खाल उतारने का व्यवसाय भंगियों ने अपना लिया। वे एक ऐसे आत्मकथाकार जो सत्य को स्वीकार करते हैं उससे और उसकी जड़े मजबूत हो जाती हैं तथा अतंर्विरोधों को नष्ट करने की दिशा मिलती है। उसको बेनकाब किया जाता है। डॉ. धर्मवीर ने इस विषय और आत्मकथा के बारे में लिखा है कि-“आत्मकथाकार की इस छोटी-सी किताब में आज के दलित-विचार का पूरा फैलाव है। वे दलित कोमों को एक जुट रखना चाहते हैं। इस दृष्टि से उन्होंने भंगी, चमार, खटीक और कोरी समाज के लोगों की मानसिकता को पकड़ा और जहाँ कहीं उनमें हिंदूपन का असर दीखा, उन्हें झिंझोड़ा है। यदि ये कौमें आपस में एक नहीं रहेगी तो ब्रह्म-राक्षस उन्हें तबाह कर देगा। वे जानते हैं कि ब्रह्मराक्षस गाँव से शहर तक इन जातियों का पीछा कर रहा है। गाँव में ठाकुर और दफ्तर में ब्राह्मण अपनी चाल लगातार चल रहे हैं। वे हिंदुओं की साजिश कहते हैं। उन्होंने अपने इर्द-गिर्द हिंदू संस्कृति के छल-प्रपंच को बहुत गहराई से देखा है।”[58]

दलित लेखक अपने स्वअनुभव को साहित्य में चित्रित कर इसकी पीड़ा को व्यक्त करता है। ‘तिरस्कृत’ में भी सूरजपाल चौहान की अनहद पीड़ा है। जीवन की सभी परिस्थितियों से वे पीड़ित है। उमाशंकर सिंह ने दलिख लेखक की पीड़ा लेख में लिखा है कि-“दलित साहित्यकार सूरजपाल चौहान की आत्मकथा ‘तिरस्कृत’ लेखक की ही नहीं, सभी भारतीय दलितों के दुःख, दर्द और देश की व्यथाकथा है। भंगी समाज की नारकीय जीवन-स्थिति एवं न्यूनतम जीवन सुविधाओं के बीच कठिन परिश्रम और ऊपर से सवर्णों के अत्याचार एवं पग-पग पर अमान का संत्रास पाठकों के अंदर सहानुभूति नहीं, आक्रोश पैदा करने का जज्बा रखता है। ब्राह्मण धर्म के क्रूरतम नियम कायदों एवं विकृत मानसिकता से पीड़ित दलित समाज के अंतर्विरोधों को भी लेखक उतनी ही बेबाकी से उजागर करता है, जितने साहस से भारतीय सामंती समाज की जटिल बुनावट को तार-तार करता है।

सूरजपाल चौहान पर दलित लेखन में जातिवाद फैलाने का आरोप लगाया जाता रहा है, पर यह सही नहीं है। हाँ, वो खुद भंगी होने के नाते भंगियों की पीड़ा एंव दलित वर्ग में उसके स्थान को ज्यादा बेहतर ढंग से अभिव्यक्त करते हैं। दलितों में वर्णवाद एवं सवर्ण मानसिकता की घुसपैठ से दलित मुक्ति एवं दलित आंदोलन की क्षति को लेखक अपने जीवन अंशों के द्वारा उजागर करते हैं।''[59]

आत्मकथाकार सूरजपाल चौहान का निशाना सीधा है। वह सही निशान लगाते है। उन्होंने दलितों के श्रम और सवर्णों के श्रम की भेद रेखा का बे परदा किया हैं। जहाँ श्रम कम और पैसे ज्यादा वहाँ सवर्ण को रखा और जहाँ श्रम ज्यादा पैसे कम वहाँ दलितों को रखा गया। हर जगह पर दलितों का आर्थिक अवमूल्यन किया जाता है। पूँजीवाद ने दलितों को लूटा है केवल जाति के ओछापन से नहीं श्रमदान में भी। उन्होंने लिखा है कि–''आज के युग में कोई ब्राह्मण सफाई-मजदूर का कार्य करने को तैयार होगा? कतई नहीं। हाँ, यदि सफाई मजदूर कार्य में मजदूरी बीस-पच्चीस रुपए प्रतिदिन के स्थान पर हजार रुपए के हिसाब से मिलने लगे, तो शायद इस देश के ब्राह्मण व तथाकथित सवर्ण सफाई-मज़दूर का कार्य करने को तैयार हो जाएँ। दलितों का आर्थिक व सामाजिक दोनों ही स्थानों पर भरपूर शोषण हुआ है।''[60]

'तिरस्कृत' में सूरजपाल चौहान की चिंता अपने दलित समाज और संस्कृति की भी है। उसके साथ-साथ दलितों की सत्ता और राजनीति की घुसपैठी से स्वार्थ को महत्त्व देने की जगह समस्त दलित समाज के हित को महत्त्व देना चाहिए, तो दलितों की जड़े और मजबूत हो जायेगी। फिर दलित विमर्श का सवाल है पैदा क्यों? इसके बारे में आत्मकथाकार ने लिखा है कि–''देश को आजाद हुए पचास वर्ष से अधिक हो गए और हम पढ़े-लिखे दलितों ने अपने समाज की गाँठें सुलझाने में कोई रुचि नहीं दिखाई है । सभी अपने-अपने स्वार्थों में मग्न दिखाई दे रहे हैं। अधिकतर सवर्णों की ही तरह ऊँच-नीच की ख़ाई को चौड़ा करने में लगे हैं। जात-पात के विरोध में बोलते अवश्य हैं, लेकिन भीतर से उसी व्यवस्था को अपनाए हुए हैं।''[61] मोहनदास नैमिशराय ने अपने लेख 'तिरस्कृत जीवन से उगले काँटों की कथा' में सूरजपाल की पीड़ा को बेहद बताते हुए लिखा है कि–''समाज से जब कोई लेखक और कथाकार आत्मकथा लिखेगा तो उसके भीतर पीड़ा होगी और द्वंद्व भी। सवर्ण समाज के द्वारा दिए दंश उसे बार-बार याद दिलाएँगे कि वह एक दलित था और अंत तक दलित रहेगा, बेहद क्रूर और अमानवीय परिस्थितियों में जिया गया जीवन और कैक्टस सरीखें लोगों के साथ

बिताए गए कुछ पल, कुल घंटे या कुछ दिन और वैसे कड़वे अनुभवों से उभरते आक्रोश ने निश्चित ही युवा दलित कथाकार सूरजपाल चौहान को मजबूर किया कि वह ब्राह्मणवाद की दाग लगी चादर को चिंदी-चिंदी करें, अपने अनुभवों को बताएँ कि देखों गाँधी और विवेकानंद के अनुयाईयों, आजादी के पचास बरस बाद भी इस देश से छुआछूत खत्म नहीं हुई है, नई शताब्दी में भी पुरानी शताब्दी की कसैली यादें शेष हैं।''[62]

सदियों से दलितों का शोषण होता रहा है। लेकिन दलित मौन बैठे थे। समाज-या-संसार परिवर्तनशील है इस दौर में आज दलितों अपनी लेखनी के माध्यम से बहुत कुछ कहने लगे है। तब सवर्ण समाज के लोगों आश्चर्य से अपनी अँगुलियों से मुँह को दबा दिया है। दलित आत्मकथाओं के पहले भी हिंदी में कई आत्मकथाएँ लिखी गई है किंतु वास्तविकता से कोसों दूर। उसमें अपने को महान बताया गया। दलितों को होशिए में धकेले दिया। कोशिश तो बहुत की गई किंतु हजारों सालों से मूक लोगों की वेदना ने दलित साहित्य को जन्म दिया। दलित आत्मकथाएँ-अपने-अपने पिंजरे, जूठन, दोहरा अभिशाप, झोपड़ी से राजमहल, मैं भंगी हूँ, तिरस्कृत और संतप्त में अपने जीवन के संघर्ष तो है ही साथ-साथ सवर्ण समाज द्वारा दलितों का दलन, दमन, शोषण और जातिगत छुआछूत का बेबाकी चित्रण भी है। ओमप्रकाश वाल्मीकि की आंत्मकथा 'जूठन' में भी अनहद पीड़ा और वेदना है। जूठन खाना कितना असह्य और दुःख मय लगता है। लेखक की वेदना भी सूरजपाल चौहान जैसी ही है। 'अपने-अपने पिंजरे' में भी मोहनदास नैमिशरायने कई वेदनाएँ भोगी है। 'झोपड़ी से राजमहल' में भी माताप्रसाद गुप्त ने कई विडंबानाओं का सामना किया है तब राजमहल तक की यात्रा कर सकते हैं। सभी में जातीय उत्पीड़न तो समान है। सभी दलित आत्मकथाओं पर नजर अंदाज से जाए तो सूरजपाल चौहान की दोनों आत्मकथाओं में सवर्णों के साथ-साथ उच्च दलित जातियों का उत्पीड़न भी बताया गया है। वे भी ब्राह्मण मानसिकता से कम नहीं है। आज भी भंगी जाति के लोगों को अन्य दलित जातियों स्वीकार करने को तैयार ही नहीं है। गाँव में कुत्ते और बिल्ली के मृत्यु पर अन्य दलित नहीं किंतु भंगियों को बुलाया जाता है। वह एक कड़वा सच है जिसे नकारा नहीं जा सकता। सूरजपाल को अपनोंने और सवर्णों ने हर पल हर जगह पर बेरहमी से दुत्कारा मानो वह इंसान ही नहीं, पशु हो।

जयप्रकाश वाल्मीकि ने सूरजपाल चौहान की आत्मकथा के बारे में लिखा है कि-''दलितों की आत्मकथाओं में अधिकांश तौर पर सवर्णों की प्रताड़ना, भूख,

अभाव उनका अपना नारकीय जीवन से पाठक रू-ब-रू होता है। लेकिन सूरजपाल जीने इन सबको समेटते हुए दलित जीवन के कई कोणों को अलग से छुआ और उनमें वेदना के इतने गहरें रंग भरे कि शायद ही यह स्वाह रंग "तिरस्कृत" के अलावा कहीं और देखने को मिले, जैसे हिंदू धर्म के अलावा दूसरे अन्य धर्मों में समानता के उपदेश है।"[63]

सूरजपाल चौहान दलितों की एकता के लिए आत्मकथा में चिंतित लग रहे है। और उनकी मुक्ति के लिए भी आवश्यक कार्य करने के पक्ष में है। वे दलितों की एकता को तोड़ने वाली सवर्ण समाज की मानसिकता को पूरी तरह जानते हैं और उसका पर्दाफाश भी करते है। ठाकुर लूटरी की साजिशों से बचाने लगें और साजिशों से सावधान भी होने का संकेत है।

आत्मकथा में भूख, गरीबी, उपेक्षा, छुआछूत आदि दैत्य बनकर पीछे पड़ा है। जिससे उसे पेट भर जीने नहीं देता। उसका परिवार अंधश्रद्धाओं में विश्वास करता है। डॉ. दयाशंकर लिखते हैं कि-"फुसावली के आफ्टोपस बसीठी समाज के भीतर अस्तित्व के लिए भीषण संघर्ष और गरीबी तथा दूसरी और अज्ञान आधारित भक्तावल, झाड़फूँक न केवल सूरजपाल के परिवार का, बल्कि पूरी बिरादरी का दुहरा नग्न यथार्थ है। दो दैत्यकार दाँतों के बीच लहूलुहान होने की पीड़ा तिरस्कृत की संरचना का एक मुख्य अंतसूत्र है। आगे केंद्र बदल जाता है, उनकी घटनाएँ, स्थान, समय, प्रसंग बदल जाते है। उनके बीच खुद सूरजपाल का जीवन आगे बढ़ता है, पर यह अंतसूत्र उनके हाथों से कभी नहीं छूटने पाता। दलित आत्मकथाओं में यह विजन बहुत आम है। लेकिन तिरस्कृत में यह विजन आरंभ से लेकर अंत तक बहुत साफ और गझिन है।"[64]

आत्मकथाकार ने अपने जीवन के हर पहलुओं को रू-ब-रू किया है कभी संकोच का अनुभव नहीं किया है। इसलिए तो अपनी पत्नी विमला और जय के बारे में लिखा है। दूसरा रचनाकार ऐसा लिखने के लिए हजार बार सोचेगा लेकिन सच्चे रचना धर्मिता के नाते बिना हिचकिचाहट से लिख दिया है। कारण रचना और मजबूत बन गई है। अन्य दलित आत्मकथाओं की तुलना में बेजोड़ स्थान प्राप्त कर लिया है। उसमें दर्द है, पीड़ा है, भूख-प्यास है और अपनों का दंश भी है। फिर भी दलित समाज को बदलने का हौंसला और मुक्तिघोषणा भी है। अजय नावरियाने 'तिरस्कृत' के बारे में लिखा है कि-"तिरस्कृत" तिरस्कृत जीवन से उगले काँटों (निरर्थक और अनुपयोगी) की कथा नहीं है, वह तिरस्कृत जीवन से उगले फूलों (सार्थक और उपयोगी) की कथा है।"[65] कवितेंदु 'इंदु' ने

भी तिरस्कृत के बारे अपना मत दिया है कि–"तिरस्कृत" एक ओर जहाँ, जाति आधारित परंपरागत हिंदू समाज की आलोचना है, वहीं दलित संस्कृति के संदर्भ में वह आत्म-आलोचना भी है। उसमें 'दलित संस्कृति' का महिमामंडन नहीं, उसकी विडंबनाओं को उजागर किया गया है।"[66]

डॉ. वीर भारत तलवार ने भी 'तिरस्कृत' की सराहना करते हुए लिखा है कि–"इनमें खुद अपने दलित समाज को भी आलोचना की दृष्टि से देखा गया है। उनकी कमजोरियों और असंगतियों को छुपाने के बजाय उन पर क्षोभ से भरी पैनी नजर डाली गई है। इन किताबों की सबसे बड़ी विशेषता यह है कि हिंदी दलित साहित्य में शायद पहली बार खुद दलित जातियों के बीच मौजूद विरोध और छुआछूत को सामने लाया गया है।...

सूरजपाल चौहान की आत्मकथा तिरस्कृत साहित्यिक दृष्टि से जितनी महत्त्वपूर्ण है, समाजशास्त्रीय दृष्टि से भी उतनी ही मूल्यवान है। दिल्ली और महरौली के आसपास बसे वाल्मीकियों के गाँवों का ऐसा यथार्थपरक और प्रामाणिक वर्णन हिंदी में और कहीं नहीं मिलता। भंगी समाज के चित्रण में यह कृति ओमप्रकाश वाल्मीकि की जूठन से बहुत आगे जाती है।"[67]

'तिरस्कृत' में लेखक ने अपने जीवन के दुःखों को तरोताजा किया है। उनका अनुभव सच्चा है। आत्मकथा लेखक के जीवन का सच्चा दस्तावेज होती हैं उसमें जीवन वैसा ही चित्रित होना चाहिए वह रहा है या है। सूरजपाल चौहान की आत्मकथा इस अर्थ में सही है। दलित समाज के दर्दो की भयानकता का वर्णन उसकी आत्मकथा में देखा जाता है। उनका दर्द केवल अपना नहीं किंतु पुरे भारतीय दलित समाज की दर्दनाक स्थिति का वर्णन उनकी आत्मकथा में स्पष्ट है। उन्होंने गाँव के जीवन और शहरी जीवन की कई सच्चाईयों का उद्घाटन किया है। दलितों के लिए तो चाहे शहर हो या गाँव सभी जगहों पर व्यक्ति की योग्यता नहीं किंतु जाति के आधार पर ही उनका मूल्यांकन किया जाता है, यह बात आजाद भारत के लिए शर्मनाक है।

अतः हम कह सकते हैं कि–'तिरस्कृत' में दलित-विमर्श या दलित-चेतना का पूरा फैलाव-मंथन है। वे दलित समाज को एक ही रंगमंच पर खड़ा करना चाहते हैं और जातिवादी ब्रह्मराक्षस को मार गिराकर समरस समाज की स्थापना करना सूरजपाल चौहान का मुख्य उद्देश्य रहा है। दलित विमर्श भारतीय जाति-व्यवस्था की दारूण वेदना से पैदा हुआ है। यह सदियों से सताए हुए समाज की पीड़ा की सजीव अभिव्यक्ति है।

संदर्भ

1. तिरस्कृत, सूरजपाल चौहान, पृ. 7
2. वही, वही, पृ. 9
3. वही, वही, पृ. 9
4. वही, वही, पृ. 10
5. वही, वही, पृ. 10
6. वही, वही, पृ. 10
7. वही, वही, पृ. 12
8. वही, वही, पृ. 13
9. वही, वही, पृ. 14
10. वही, वही, पृ. 14
11. वही, वही, पृ. 15
12. वही, वही, पृ. 16
13. वही, वही, पृ. 16
14. वही, वही, पृ. 16-17
15. वही, वही, पृ. 18
16. वही, वही, पृ. 21-22
17. वही, वही, पृ. 22
18. वही, वही, पृ. 24
19. वही, वही, पृ. 28
20. वही, वही, पृ. 28-29
21. वही, वही, पृ. 29
22. वही, वही, पृ. 30
23. वही, वही, पृ. 32
24. वही, वही, पृ. 34
25. वही, वही, पृ. 37
26. वही, वही, पृ. 40
27. वही, वही, पृ. 40
28. वही, वही, पृ. 43
29. वही, वही, पृ. 46-47
30. वही, वही, पृ. 49
31. वही, वही, पृ. 49-50
32. वही, वही, पृ. 52
33. वही, वही, पृ. 57
34. वही, वही, पृ. 60
35. वही, वही, पृ. 65-66
36. वही, वही, पृ. 69
37. वही, वही, पृ. 69-70
38. तिरस्कृत, सूरजपाल चौहान, पृ. 73-74

39. वही, वही, पृ. 76
40. वही, वही, पृ. 77
41. वही, वही, पृ. 78
42. वही, वही, पृ. 87
43. वही, वही, पृ. 94-95
44. वही, वही, पृ. 96
45. वही, वही, पृ. 100
46. वही, वही, पृ. 122
47. वही, वही, पृ. 124
48. वही, वही, पृ. 136
49. वही, वही, पृ. 140
50. वही, वही, पृ. 150
51. वही, वही, पृ. 151
52. वही, वही, पृ. 152
53. इतिहास का नया पथ–डॉ. इंद्र बहादुरसिंह, पृ. 54
54. दलित आत्मकथाएं-विशेष संदर्भ : तिरस्कृत–डॉ. दयाशंकर का लेख–'पल-प्रतिपल' सयुक्तांक-65-66, सित.-दिस.-2003, पृ. 164
55. हंस, सितम्बर-2002, पृ. 90
56. वसुंधा–हिन्दी में दलित आत्मकथाएँ–जो डॉ. रजत रानी मीनू–पृ. 112
57. दलित आत्मकथा-विशेष संदर्भ : सूरजपाल चौहान कृत तिरस्कृत–सं. सूरजपाल चौहान–पृ.15
58. नया मानदंड–सं. जयप्रकाश कर्दम (लेख डॉ. धर्मवीर पृ. 27-28 अप्रैल-जून-2003
59. दलित आत्मकथा-विशेष संदर्भ-तिरस्कृत–सं. सूरजपाल चौहान में उमाशंकर सिंह का लेख, पृ.49
60. तिरस्कृत-सूरजपाल चौहान–पृ. 117
61. वही, वही, पृ. 127
62. दलित आत्मकथा-विशेष संदर्भ-तिरस्कृत–पृ. 67
63. वही, पृ. 130
64. वही, वही, पृ. 85-86
65. वही, वही, पृ. 80
66. वही, वही, पृ. 62
67. वही, वही, पृ. 17-18

❑

'संतप्त' में दलित-विमर्श

'संतप्त' सन् 2006 ई. में सूरजपाल चौहान द्वारा लिखित हिंदी साहित्य की एक विशिष्ट दलित आत्मकथा है वैसे तो चौहानजी की यह दूसरी आत्मकथा है। इसको कुल 14 प्रकरणों में विभाजित करके उन्होंने अपनी शैली में आत्मकथ्य को आलेखित किया है। जैसे—'माँ और मैं', 'रुखे-सूखे' निवालों के बीच', 'पिता को सच बताने पर,' 'बुद्धसिंह के घर में', 'दलित पीड़ा के दंश', 'यह गाँव है?', 'तस्वीर का दूसरा रुख', 'अँगरेजु कौ बाप बन गयो है', 'एक बार फिर', 'मुलाकात एक आधुनिक जुलाहे से', 'पिताजी नहीं रहे', 'धर्मा मर गई', 'कुछ इधर-उधर की', 'मौत से सामना' आदि। ''यह उनकी पीड़ा, संघर्ष और क्रोध का मिला-जुला अभिनव स्वर था साहित्य के जनतंत्र में, जिन न पहले देखा गया था न सुना!''[1]

''हिंदी में दलित लेखन की जैसी पहचान उसकी आत्म कथाओं से है वैसी उसकी कविताओं कहानियों से नहीं। वे आत्मथाएँ ही हैं जिन्होंने हमारे हाथों को हमारे मुँह, हमारी नाक और हमारे कानों से खींचकर अलग किया और हमारी आँखों में अपनी उँगलियाँ घुसेड़कर कहा कि जिस हिन्दू समाज के तुम नियामक हो, उसी में हम भी रहते आ रहे हैं हजारो वर्षों से, हमें देखों, सुनो और शर्म करों।''[2]

'संतप्त', 'तिरस्कृत' में वर्णित सूरजपाल के जीवन की पूरक कथा है और उससे आगे की भी कथा। पूरक कथा होने के कारण उसमें 'तिरस्कृत' में रह गए अंतरालों का भराव है; कई प्रसंगों में स्थितियों का दुहराव है, लेकिन प्रसंग अलग होने के कारण यह दुहराव खलता नहीं है। आगे की कथा होने के कारण 'संतप्त' में 'तिरस्कृत' से बढ़ाव भी है।''[3]

'संतप्त' में चौहनजी की आत्मकथा के साथ उनके परिवार, माँ-बाप के जीवन-संघर्ष, भाईयों, पति-पत्नी, बेटी-बेटों की आपसी लड़ाई-झगड़ों की भी कथा

है। 'माँ और मैं' प्रकरण के अंतर्गत लेखक ने आर्थिक विड़बनाओं का चित्र प्रस्तुत किया है जिसमें महत्वपूर्ण आवश्यकता रोटी, कपड़ा और मकान की है। वे माँ और खूद के कपड़े के बारे में लिखते हैं कि–''माँ और मेरे पास पहनने के लिए गत के कपड़े भी न थे। हम दोनों के कपड़ों पर जगह-जगह थेगड़ियाँ लगी रहती थीं। गर्मियों के दिनों में हमारे मोहल्ले के मेरी हम उम्र बालक अकसर नंग-धडंग ही रहते थे। सर्दियों के दिनों में ठण्ड से बचने के लिए सूती फलालेन की एक घुटनों से नीचे तक की कमीज सिलवाकर सखी हुई थी। सर्दी के मौसम में मैं महीनों तक उसे ही पहने रहता। लगातार पहनने के कारण वह इतनी मैली हो जाती थी कि उसका असली रंग क्या है, किसी को पता न चलता। माँ को बसीठों के मोहल्ले कमाने व उनकी बेगारी करने से ही फुरसत नहीं मिलती थी। इसीलिए महीने-दो महीनों में ही वह बहते बंबा से कपड़े धोकर लाती थी। लगातार एक ही कमीज पहने रहने के कारण उसमें डींगर (जूँएँ) पड़ जाती थीं। कमीज में इतने चीलर पड़ जाते थे कि उन्हें एक-एक करके बीन कर मारना अपने आप में कठिन कार्य था। माँ को यह काम करने में घंटों लग जाते थे। घर में चूल्हा जलाकर रोटियाँ सेंकने के लिए ही लकड़ियाँ नहीं होती थीं तो भला पानी गर्म करने के लिए कहाँ से सूखी लकड़ियाँ लाई जाएँ जिससे कपड़े धोए जा सकें।''[4] ''माँ के लत्तों में जगह-जगह छोटे-बड़े सुराख हमेशा नजर आते थे। ओढनी तो उसकी तार-तार हो रखी थी। फिर भी उस फटी ओढ़नी से वह अपना तन ढंकने की कोशिश करती रहती।''[5]

चौहनजी की माँ फुसावली के बसीठी समाज के बीच जीवन की आधारभूत जरुरतों के लिए माँ की करमतोड़ मेहनत, गरीबी, बेगारी, बेवसी और उससे बंधें बालक सूरजपाल की जीवन नियति यानि बाल मजदूरी-पढ़ाई के बीच तन जाने, सामाजिक भेदभाव की चक्की में गहन शारीरिक मानसिक यंत्रणा भोगने का रोंगटे खड़ा कर देनेवाला प्रसंग फुसावली में सवर्ण-दलित भेद हर स्तर पर मौजूद था। चौहानजी द्वारा पड़िया को पानी पीलाने का प्रसंग में स्पष्ट दिखाई देता है कि मनुष्य मनुष्य के बीच तो जाति भेद ठीक है लेकिन प्राणियों के बीच भी ठाकुरों ने भेदभाव रखा है जैसे–''पड़िया को पानी पीते देख ठाकुर के तन-बदन में आग लग गई। क्योंकि जिस ओर से पानी बहकर आ रहा था पड़िया ने उसी ओर मुँह डाल दिया था। ठाकुर ने भद्दी गाली देते हुए मुझसे कहा–''भैंचो भंगिया के, तेरी पड़िया को जूठौ पानी मेरे बद्द (बैल) पिएँगे...ठहर मैं अभई आयौ।''[6]

इसमें बाल मजदूरी और बाल मानस का चित्र भी स्पष्ट है चौहनजी का बालमानस जो वर्णव्यवस्था या जाति भेद से अंजान है इसलिए अपनी माँ के साथ झाड़ू लगाने जाते समय अनेक प्रकार के विचार उसके मन में सताते है और अपनी माँ से कहते हैं कि—"एक रोज हमेशा की तरह हम दोनों माँ-बेटा पौ फटने से पहले गाँव के मोहल्ले कमाने निकले। मार्ग में चलते-चलते आज मैंने माँ से एक सवाल पूछा—"जीजी, हम झाड़ू लगाने क्यों जाते है?"

माँ ने मेरे सिर पर हाथ फेरते हुए सीधे-सीधे कहा—"लल्ला, हम भंगी हैं, हमारी कौम का यही काम है।"[7]

फुसावली की विकल्प हीन सवर्ण वर्चस्ववाली समाज-व्यवस्था के भीतर प्रतिदिन भंगी समाज के तिल-तिल मरने-जीने के दुर्बह जीवन संघर्ष और दुर्दम जिजीविषा की भी कथा है। सवर्ण समाज द्वारा दलित स्त्रियाँ का शारीरिक शोषण में बालक सूरजपाल की माँ के साथ बलात्कार की कोशिश ठाकुर जयसिंह द्वारा होती हैं—जैसे "माँ भेड़िये के पंजों में फँसी हाथ-पाँव पटक रही थी। माँ की हालत देखकर मैं दहल गया था। माँ का आँचल ठाकुर ने खींचकर दूर फेंक दिया था। वह अपनी पकड़ और मजबूत करते हुए माँ के मुँह से अपना मुँह अड़ाने की कोशिश कर रहा था। मैं था तो बालक ही, लेकिन उस समय मेरा खून खौल उठा। मुझे आस-पास कुछ दिखाई नहीं दिया। माँ के हाथ से दूर जा गिरी झाड़ू अब मेरे हाथों में थी। बिना देर किए मैंने पूरी ताकत से ठाकुर की पीठ और कमर पर झाड़ू बरसानी शुरू कर दी। झाड़ू की लगातार मार से ठाकुर तिलमिलाकर रह गया और उसकी पकड़ ढीली पड़ गई। माँ उसके चंगुल से छुटकर दूर हो गई थी। ठाकुर बुरी तरह से खिसिया गया था। वह मुझे मारने लपका। लेकिन तब तक माँ संभल चुकी थी। माँ ने ठाकुर के गुप्तांग पर लात का पुरी ताकत के साथ प्रहार किया। माँ के एक ही वार से ठाकुर रुई के बोरे की तरह एक ओर को गिर पड़ा और उसकी आँखे बधिया होते भैंसे की तरह अंटे-सी बाहर को निकल आई थी।"[8] इस प्रकार माँ और बालक सूरजपाल के प्रतिरोध से ठाकुर के चंगुल में फँसी माँ का छुटकारा होता है। फिर भी ठाकुर समाज सूरजपाल की माँ को उलटे लांछित तो करता ही है, व्यावहारिक स्तर पर जयसिंह ने बटाई पर दी गयी पड़िया छीनकर माँ-बेटे के खून-पसीने पर पानी फेर देता है और उनके पेट पर भी लात मार देता हैं।

इसमें पंडित हरचरण का साइकिल प्रसंग-पंडित भंगी भेद की अमानवीयता की मिशाल है। पड़िया द्वारा साइकिल गिराने से बचाने में बालक सूरज की कमीज

का फटा बाजू साइकिल के हैंडिल में फँस गया और साइकिल नीचे गीर गई। साइकिल गिरने से पंडित हरचरण ने बालक सूरज को संटी से बहुत मारा और भद्दी गाली देते हुए कहा था कि–

"बहनियाँ के टीटना, मेरे साले भंगिया के, मेरी साइकिल छूकर अपवित्र कर दीनी..., जिंदों नायँ छोडूगौ तोय।" जब वह मुझे मारते-मारते थक गया, तभी रुका था। उसने अपने कुएँ से बालटी भर कर पानी खींच कर साइकिल को रगड़-रगड़ कर धोया था।"[9]

बयालीस साल बाद पंडित हरचरन का गाड़ी वाले सूरजपाल से एक बार फिर आमना-सामना होता है, पंडित की रिरियाहट और भंगी की घृणा के बीच चंद क्षणों के लिए तनातनी भी होती है, लेकिन अंततः आत्मकथाकार सूरजपाल की मनुष्यता उनकी भंगी जाति से बड़ी हो जाती है और वह उनकी यथावश्यक मदद भी करते हैं। यहीं आत्मकथाकार आज की भावुकता के चलते अपने विश्लेषण में मुगालते का शिकार हो जाता है। इस प्रसंग से यह भी स्पष्ट होता है कि आर्थिक ऊँचाई से सामाजिक बराबरी थोड़ी-बहुत अपने आप आ जाती हैं।

'रुखे-सूखे निवालों के बीच' प्रकरण में बात जनवरी-फरवरी सन् 1966 की है। माँ के देहांत के बाद बालक सूरज को पिता दिल्ली ले आए थे। इसलिए उसमें माँ की तुलना में सूरजपाल के पिता अधिक जगह घेरते हैं। संतप्त में आत्मकथाकार सूरजपाल ने अपने पिता की नयी छवि उनके प्रारंभिक विधुरजीवन, दूसरी शादी न कर पाने की विवशता और अपने बाल-जीवन में भुखमरी की विडंबना के इर्द-गिर्द खडी की है। वे आत्मकथा के सृजन के समय अपने बालजीवन के क्रूर यथार्थ से बुरी तरह आत्मग्रस्त थे। इसीलिए वे भरी जवानी में पत्नी के मर जाने के कारण स्वरूप अपने पिता के क्रूर जीवन के अप्रत्याशित रीतेपन, अवस्थानुरुप शारीरिक माँग, शादी न कर पाने की विवशता आदि को निष्पक्ष दृष्टि से देख नहीं पाते हैं। जवान रोहनलाल के जीवन में अप्रत्याशित पत्नी की कमी की भरपाई न तो बालक सूरजपाल कर सकते थे, नहीं शेरुमाली की पत्नी रहते हुए हमेशा रामो कर सकती थी। दिल्ली जाने पर बालक सूरजपाल इतने छोटे थे कि वे रोटी भी नहीं बना सकते थे। इसलिए वे वयानुरुप भूख मिटाने की दूसरी तरकीबे सोचते थे, कोशिश भी करते थे। आसान तरकीब यह थी कि वे रोटी की आस लगाए पास रहे नाना-नानी के घर चले जाते थे, पर नानी की दुत्कार खा कर मन मारे घर लौट आते थे। तरकीबें और थी, पर आसान न थीं। चोरी में पकड़ जाने पर घर के मालिक की, बच्चों की बीच ब्रेड की छीना झपटी में अपने से बड़े

ताकतवर बच्चों की मार खाते थे। बालक सूरजपाल की इस कमजोर नस को संतोताई, मुंशीमामा और रुसी मैडम ने पकड़ा। वहाँ एक भूख से दूसरी क्रूर भूख का सौदा, एक भूख से दूसरी अकल्पनीय भूख की काट थी। बालक सूरजपाल संतो ताई और रुसी मेम की शारीरिक भूख के शिकार होते हैं। संतो ताई भी अपने गुप्तांग में तेल मालिश अँगुली से खोदने का काम करवाती है जबकि रुसी मेम निर्वस्त्र होकर वही काम करवाती है। संतोताई ने रोटी चुराते समय बालक सूरज को एक दिन पकड़ लेते है—"मुझे अपनी दोनों बाजुओं से आगे की ओर खींचकर गोद में भर लिया। फिर अपने ब्लाउज को ऊपर करते हुए अपने वक्ष-स्थल को मेरे मुँह से अडाने लगी। मैं यही सोच रहा था कि वह बचा समझकर दुलार रही हैं। मैंने उसके उघड़े वक्ष-स्थल से मुँह अलग करते हुए कहा था—"ताई, मुझे दूध नहीं पीना, अब मैं छोटा बालक नहीं हूँ..., खाने को रोटी दे, भूखा हूँ मैं।" मेरी बात अनसुनी करते हुए उसने मुझे अपनी दोनों जांघों में भींच लिया।

मैं जांघों के बीच में फँसकर कसमसा उठा था। सच, मेरा तो जैसे दम निकलते को हो आया था। खैर, जैसे ही उसकी पकड़ ढीली हुई, मैं उससे दूर हो गया। तुरंत ही उसने लपक्कर मुझे फिर पकड़ लिया और अपने ऊपर गिरा लिया। मैं हैरान था यह सोचकर कि संतोताई ऐसा क्यों कर रही है और यह कैसा दुलार है? तभी संतों ने अपने पेशाब की जगह को उघाड़ते हुए मुझसे उसने अंगुल...।

वह आधे घण्टे से थी अधिक देर तक मुझसे यही सब करवाती रही। बीच-बीच में वह अपने वक्ष-स्थल को मुँह में डालकर मुझसे चूसने को कहती। जब मैं यह सब करते-करते थक गया और रोने लगा तभी कहीं जाकर वह यह सब करने से रुकी थी।[10]

उन तमाम विडंबनाओं का शिकार होने के बावजूद नवंबर 1998 जयके रिसेप्शन में आत्मकथाकार जूठन बिनने वाले बच्चों को खिलाते हैं। यह देखकर उनके पिताजी कहते हैं—"बेटा सूरजपाल, तू बड़ा दयालू है, इतना नरम दिल तूने कहाँ से पाया है..., बेटा, तू जीवन में कभी भी भूखा-नंगा नहीं रहेगा।"[11]

इस समय सूरजपाल को अपने बचपन का जीवन याद आ जाता है।

'पिता को सच बताने पर' प्रकरण में रोहनलाल की दूसरी भूख के आगे अपनी पेट की भूख के पराजित होने पर भी बालक सूरजपाल की दुर्दम्य जिजीविषा उन्हें मरने नहीं देती थी। इसलिए वे वयानुरुप भुख मिटाने की दूसरी तरकीबे

सोचते थे, कोशिश भी करते थे। आसान तरकीब यह थी कि वे रोटी की आस लगाये पास रहे नाना-नानी के घर चले जाते थे। मांशखाने की ईच्छा से नाना के घर आना पर नानी उसे देखती हुई गुर्राती हुई बोली, "चल भाग यहाँ से, जान बुझकर रोटी के समय आ जाता है, भुक्कड कहीं का।"[12] इस दिन लेखक चुपचाप वहाँ से चला गया। इसके बाद मुंशी मामा सूरजपाल को रोटी और मांश खिलाने के लिए अपने घर बुलाते है। "लल्ला, मैं तोय कटोरा भरकर मीट खाने को दूँगा, तू मेरा एक काम कर दे।"...मैं अपनी बात पूरी भी न कह सका कि उसके अपने कच्छे की ओर अश्लील इशारा करते हुए कहा–'पहले इसे अपने दोनों हाथों से...।'...एक बार नहीं उसने उस समय थोड़ी-थोड़ी देर बाद मुझसे दो बार हस्तमैथुन करवाया। मुझे यह सब करते घिन आ गई थी।"[13]

इस प्रकार मुंशी मामा अपने गुप्तांग में तेल लगवाते एवं रगड़वाते थे। बाद में मुंशी मामा सूरजपाल को डराता-धमकाता है। जब यह सारी बात पिता को बताने पर पिता ने उसको बहुत मारा था।

सूरजपाल सन् 1990 में 35 वर्ष की उम्र में 'ऑफिस मैनेजर' के पद पर पहुँच जाते है तब अपने पहेरवेश में बदलाव जरूर आता है जब पिताजी टाई-सूट में खड़ा सूरजपाल को देखते हैं तब उनको अपना जीवन याद आ जाता है और अपनी आँखों में आँसू पोंछते हैं। पिता ने आत्मकथाकार को बताया कि–

"बेटा, गाँव में रहते हुए हमारे परिवार के लोगों को नए कपड़े पहनने को नसीब न थे। यदि किसी ने पैसों का कहीं से जुगाड़ करके नए कपड़े सिलवा भी लिए तो गाँव के गैर-दलित पहनने नहीं देते थे। गलती से नया कपड़ा पहन लिया तो ये गाँव के गैर-दलित जाति का ओछापन याद दिलाकर भद्दी-भद्दी गालियाँ तो देते ही थे, पिटाई भी लगाते थे।...नए कपड़े पहनकर हम गाँव में रह नहीं सकते थे। जानवरों से भी बदत्तर हालत थी बेटा हमारी।"[14]

इस प्रकार के सामाजिक भेदभाव आज भी गाँवों और नगरों में दिखाई देते हैं जो भंगी या निम्न स्तर के दलित समाज आज इसके शिकार बन रहे हैं।

'बुद्धसिंह के घर में' प्रकरण में सूरजपाल के पिता के मित्र इतवारीलाल ने बुद्धसिंह के घर में रहने के लिए व्यवस्था करवाई थी। बुद्धसिंह का सारा परिवार गाँव में रहता था। बुद्धसिंह के घर उन्होंने जो देखा और भोगा उसका वर्णन इस प्रकार करते हैं कि–

"वहीं दूसरे कोने में मेरे सामने ही बेहिचक और मर्द दारु पीकर रतिक्रिय में संलग्न रहते।...अबे ओये लौंड़े, यह कपड़ा उठाकर दियो।"...अबे चुदाई खाने

तुझे सुनाई नहीं पड़ा, वो कपड़ा उठाकर दे। मैंने जमीन पर पड़ा कपड़ा उठाकर उसके हाथों में थमा दिया था। वह बड़ी ही निर्लज्जता से उस कपड़े से बहुत देर तक अपने गुप्तांग को पोंछती रही। साथ खड़ा वह आदमी उसकी ओर देखकर मुस्कराता हुआ बोला, "अभी वह छोटा है, थोड़ा बड़ा होता तो तेरे ऊपर अपना सामान लेकर चढ़ बैठता।"[15] इस प्रकार की खराब हरकतों से सूरजपाल परेशान भी था वे अपने पिता को भी बता नहीं पाता था। बताया तो पिताने उसको बहुत पीटा। जब पुलिस आकर बुद्धसिंह को एक दिन पकड़ जाता है तब पिता को सही लगा। अब पिता मुझे लेकर मौलाना आजाद मेडिकल कॉलिज के स्टाफ क्वार्टरों में रहने आ गये थे। यहाँ से सुबह में ठण्ड में उठकर दीवान चंद आर्य हायर सैकेण्डरी स्कूल, लोदी रोड साइकिल से आना-जाना करना था। यहाँ उसकी नयी पड़ोसन श्रीमती शर्मा के प्रति आकर्षण का भी वर्णन किया है–"पढ़ाई में मेरी रुचि देखकर वह भी मुझे मन से पढ़ाने लगी थीं। मुझे उनसे बातें करना अच्छा लगता था। वह सुंदर तो थीं ही। सच कहूँ उस समय मेरे मन में उनके प्रति आकर्षण जाग गया था।"[16]

एक दिन श्रीमती शर्माने मुझे पढ़ाते-पढ़ाते मेरे हाव-भाव भाँपते हुए कहा था कि–

"देखो सूरज, अपना मन पढ़ाई-लिखाई में लगाओं, पढ़ लिखकर बहुत आगे जाना है, अच्छे बेकार की बातों में ध्यान नहीं देते..., तुम होशियार हो, पढ़ते जाओ, खूब पढ़ते जाओं।"[17] शर्माजी की इस बात से सूरजपालने पढ़कर आगे बढ़ने का निश्चय करवाया था।

रोहनलाल पितृसत्तात्मक संस्कारों वाले व्यक्ति थे। परंपरा से चली आती पिता की नैतिकताएँ उनके मनोलोक का हिस्सा था। उनकी शादी हुई थी और पहली पत्नी मर जाने के बाद वे घर संभालने के लिए दूसरी शादी करना चाहते थे। वे अपने बच्चे की चोरी, बुरी संगत, शिकायत को ना पसंद करते थे। वे अपने बच्चे को अच्छे और आज्ञाकारी लड़के के रूप में देखना चाहते थे। इसके लिए वे उसे प्रताड़ित भी करते थे। वे हराम की कमाई पसंद नहीं करते थे। इसीलिए वे स्वयं कड़ी मेहनत करते थे। 'होमोसेक्स से आदमी नार्मद हो जाता है' वे इस मिथ्याविश्वास से ग्रस्त थे। विस्थापन, गरीबी, विधुरजीवन के दौर में उन्होंने अपने बेटे को शिक्षित करने का मन बना लिया था। परवरिश ठीक से न कर पाने के बावजूद वे अपने बच्चे की शिक्षा के विरोधी न थे। वे अपने बेटे की झाडूगीरी की बात जानकर रास्ते में यह कहते हैं कि–

"झाड़ू लगाने का काम करेगा कि स्कूल जाएगा।"[18] इस प्रकार उसे निर्मम होकर पीटते हैं और दुबारा उसके लिए कॉपी-किताब की व्यवस्था करते हैं। पारंपरित संस्कारों के बावजूद रोहनलाल का व्यक्तित्व पूरी तरह जड़ न था। वे दिल्ली में रह रहे थे। दिल्ली शहर की चमक-दमक ने उनके भीतर मध्यवर्गीय आकांक्षाओं को जन्म दिया था। मित्र सुखराम के संपर्क में आने पर खोए हुए कबीरपंथी संस्कार उनमें फिर से जाग उठे थे। वे अंबेड़कर के विचारों से परिचित हुए। शिक्षा का महत्व न केवल ज्ञात हुआ, बल्कि बच्चों की शिक्षा के प्रति उनका मन और दृढ़ हुआ। पहले सूरजपाल, बाद में रगबर की पढ़ाई-लिखाई की ओर उन्होंने विशेष ध्यान देना शुरु किया। वे अनपढ़ थे और पेट भरने के लिए झाड़ू लगाते थे, पर अपनी मध्यवर्गीय आकांक्षाओं के चलते झाड़ू लगाने जैसे आनुवांशिक निम्न पेशे से घृणा भी करते थे। इसलिए वे सूरजपाल को पढ़ा लिखाकर अशिक्षित होने की ग्रंथि और हीन पेशे से मुक्त करके उन्हें बड़ा आदमी साहब बनाना चाहते थे।

"भुख-चोरी-डर के आपसी संबंध का, भूख से भूख की काट का, डर से डर के तनाव और द्वंद्व का, घर और स्कूल के काम के बीच दबाव और चुनाव का और इनके बीच दबी-कुचली लेकिन अवस्थानुरुप सिर उठाती बाल आकांक्षाओं और चेष्टाओं का अत्यंत हृदय बेधक चित्रण संतप्त में हैं।"[19]

दिल्ली में सरकारी क्वार्टर पाने, एक-एक करके पारिवारिक जिम्मेंदारियाँ निपटाने के बाद रोहनलाल ने दिल्ली में पाई-पाई जोड़कर नोयडा में एक छोटा सा मकान बनवाया और वे रिटायर हो गए। रोहनलाल के बेटों के बीच गलतफहमी के बीज दिल्ली में एकजूट होने के समय ही पड़ गये थे। सूरजपाल ने लिखा है कि–

"नानी के पास नौगमा गाँव में रह रहे बड़े भाई सुनहरीलाल एवं छोटा रगबर दिल्ली में आने के बाद भी आज तक यही समझते हैं कि मैंने पिता के साथ दिल्ली में रहकर विलासिता भरा जीवन जीया है। उनका सोचना भी ठीक है, जब वे दोनों दिल्ली आए तब मैं दसवीं कक्षा में पढ़ता था और अब मैं नहा-धोकर बालों में कँघी करके साफ-सुथरे कपड़े पहनने लगा था। बड़े और अच्छे बच्चों का संग पाकर मैं उठना-बैठना सीख रहा था इसीलिए दोनों भाई मुझे देखकर यही सोचते कि मैंने पिता के साथ रहकर खूब आनंद उठाया है।"[20]

उन दिनों में पिता की संग में आकर सूरजपाल बीड़ियाँ पीने लग गए थे जब पिताजी बीड़ी सुलगाने को कहते तब–"मैं चूल्हे की आग से जलती लकड़ी

निकालता और लंबा सुट्टा खींचकर उसे सुलगा देता। बीड़ी पर लगे थूक को हाथ से साफ करके उन्हें थमा देता। अब वह खुश होकर उसे पीते। लेकिन उन्हें यह नहीं पता था कि मैं उनका सपूत धीरे-धीरे बीड़ी पीना सीख गया हूँ।''[21] इसी तरह सूरजपाल को बीड़ी-सिगरेट पीने की बुरी आदत पड़ गयी थी।

'दलित पीड़ा के दंश' में आधुनिक भारतीय नौकरशाही के भीतर सवर्ण-दलित भेद की जो दर्दभरी दास्तान सूरजपालने अलग-अलग प्रसंगों के माध्यम से प्रस्तुत किया हैं। इसमें ऑफिसर के.सी. महलोत्रा के प्रसंग में नयापन यह है कि सूरजपाल उसका सक्रिय विरोध करते हैं और स्थान्तर के शिकार हो जाते हैं। ओफिस के भीतर का एक रंग यह है, एक दूसरा रंग भी है सूरजपाल निम्न जाति के भंगी-होकर ऑफिसर है और जातिगत श्रेष्ठता ग्रंथि का शिकार बनते हैं। गंगाशरण शर्मा उनके मातहत चपरासी हैं। वह भारतीय लोकतन्त्र में इस उलटा-पलट से जलता-भुनता दुःखी है आधुनिक भारतीय नौकरी शाही के चरित्र का विडंबना परक यथार्थ यह है कि उसमें सवर्ण-दलित विद्वेष कायम है। उसके भीतर यदि दलित ऑफिसर का मातहत सवर्ण कर्मचारी अपनी जातिगत श्रेष्ठता की ग्रंथि से पीड़ित होकर जाति के ओछोपन की याद दिलाकर उसे दुखी और नाराज कर सकता है और उसके दण्ड स्वरूप नौकरी गुमाने से लेकर स्थानांतरण की सजा पा सकता है। सूरजपाल अे.पी.निगम, बी.राम.आहौरी के अधीनस्थ थे। उन्होंने मजा लेने के इरादे से कुछ शैतानियाँ की। एक के टेबल पर प्लास्टिक की छिपकली गिराकर उसे डराना चाहा और दूसरे की सब्बी में बाबुराम तिवारी के उकसाने पर भाँग मिला दी और उसे डॉक्टरी उपचार तक लेना पड़ा। बाबुराम तिवारी आहौरी को भाँग वाली बात बताकर बच गया, लेकिन सूरजपाल स्थांतरण के शिकार हो गये। इस प्रकार भारतीय नौकर शाही में सवर्ण-दलित टस अभी भी जिंदा है।

''दलित पीड़ा के दंश को वही जान सकता है जिसने इसे भोगा या सहा हो। हिंदुओं की संकीर्ण मानसिकता के विषय में जितना लिखा जाए उतना ही कम है। चाहे धार्मिक क्षेत्र हो, सामाजिक, आर्थिक या साहित्यिक, हरेक क्षेत्र में इनकी संकीर्ण मानसिकता प्रकट हो ही जाती है ऑफिस में कार्य करते हुए आज भी दलित समाज के लोगों को दलित पीड़ा के कितने दंश झेलने पड़ते हैं।''[22]

आत्मकथाकार को कई बार नौकरी के स्थल पर संघर्ष करना पड़ता था—''ओये तू पाकिस्तानी है तो मैं कोटे (आरक्षण) वाला भारतवासी हूँ...अब

बोल तेरे साथ क्या किया जाए?''...! वह इतना ही बोला–''मारेगा, ले मार।'' मैंने तब उसे बिना अवसर दिए तीन-चार झापड़ उसके मुँह पर जड़ दिए थे।

मैंने उसके दोनों हाथों पर लात का वार करते हुए कहा–''आगे से किसी शिड्यूल्ड-कास्ट वाले को जाति को लेकर उल्टा-सीधा कहा तो घर तक नहीं छोड़ूँगा।''[23]

ऑफिस में 'रबर-प्रभाग' की स्टेनो रमा शर्मा की घटना बहुत विशद है। स्टेनो रमा शर्मा सूरजपाल की जाति जानने के बाद अपनी जाति श्रेष्ठता की धौंस दिखाकर उन्हें ममहित करती हैं। और कहती है कि–''सूरज, तुमने मुझे अपने भंगी होने की बात पहले क्यों नहीं बताई..., मैं भंगी-चमारों से बातें नहीं करती...ये सभी गंदे होते हैं।''[24] और दूसरी ओर ऑफिस के बाहर होटल में देह का धंधा करती है। फिर भी आत्मकथाकार को कई बार लज्जित कर चुकी हैं। श्री धवन साहब को जब यह पता चला तो उन्होंने आत्मकथाकार से कहा कि–''रबड़ का व्यापारी बंबई से आया हुआ भरत एम.पी. गेस्ट हाउस में ठहरा हुआ है। उसके साथ ही इम्पीरियल होटल में 'डिनर' करने का कार्यक्रम है। धवन साहब और लेखक एम.पी. गेस्ट हाउस पहुँचे। धवन साहब बातों-बातों के दौरान भरत से पूछा कि–वह नहीं आयी क्या?''

''आयी है ना, अंदर है कमरे में।'' भरत मुस्कुराता हुआ बोला था। कुछ पल की चुप्पी के बाद उसने फिर मुँह खोला–

''यार दो बार तो कर चुका हूँ, पता नहीं कैसी औरत है–थकती ही नहीं।''[25] अब तक धवन साहब भी दो पेग गले के नीचे उतार चुके थे। थोड़ी देर में वह भी अंदर वाले कमरे में चले गए। उन दिनों मैं शराब नहीं पीता था। उन्होंने बाहर आते हुए कहा कि–''मैम, एक पेग इधर हमारे साथ आकर भी पियो ना।...''

आवाज सुनकर निर्वस्त्र ही हाथ में खाली गिलास थामे चली आई।...उसका चेहरा फक्क पड़ गया था मुझे देखकर।...

मेरे मुँह से इतना ही निकला था–

''अरे मैडम आप!''[26]

श्रीमती शर्मा आत्मकथाकार को भी सहवास के लिए बात करती है लेकिन वे मना कर देते हैं। धवन साहब एवं भरत भी लेखक को कहते हैं कि–

''कर ले यार, करता क्यों नहीं...क्या नामर्द है?...सूरज जी, यह बात किसी को कभी मत कहना, जब आपका मन करे मुझे कहैं...मैं दौड़ी चली आऊँगी।''[27]

सूरजपाल की नज़र में उसका पूरा चरित्र दोगला है। हकिकत यह है कि

दलित दंश से पीड़ित सूरजपाल रमा शर्मा के ऑफिस वाले बाहरी सच को तो ठीक से देख पाते हैं। वे उसके होटल वाले भीतरी सच-बाजारवाद के भंवरजाल में फँसी महानगरीय मध्यवर्गीय कामकाजी महिला के उपभोक्ता सामग्री में बदल जाने वाले यथार्थ को देख ही नहीं पाती। रमा शर्मा के होटल वाले दूसरे रूप को दिखाने वाले मार्केटिंग मैनेजर डी.डी. धवन सूरजपाल की नजर में चाहे जितने महान और अच्छे ओफिसर हों, लेकिन रमा शर्मा को होटल में भरत व्यापारी तक पहुँचाने और उसका यौन शोषण करने वालों में वे स्वयं भी शामिल हैं। डी.डी. धवन की नजर में मिसेज शर्मा की औंकात 'ससुरी शर्मा की बच्ची' से ज्यादा नहीं है। यह डी.डी. धवन का वह ऑफीसरी पुरुष दंभ है जो होटलों में रमा शर्मा जैसी औरतों को भरत जैसे व्यापारियों तक पहुँचाता है, उसे नंगी करके अपनी जाँघ पर बैठाता है, गाल मसलता है, साथ में शराब पीता है, उसका चोरी छिपे भोग करता है और घर में पत्नी व्रता भी बना रहता है। दिल्ली जैसे मेट्रोपोलेटियन शहरों में बाजारवाद ने अफसरशाही और व्यापारियों की मिली भगत से कामकाजी औरतों को बिकाऊ सामग्री में तब्दील कर दिया है और औरत है कि कभी जरूरत या मजबूरी में या कमाऊ होने की चाह में अपने रूप की कीमत वसूलने के लिए तैयार है और यही औरत दूसरी ओर जातिगत श्रेष्ठता की ग्रंथि से भी पीड़ित है। आत्मकथाकार सूरजपाल मिसेज शर्मा का होटल वाला बीभत्स, अनपेक्षित रूप देखकर दुखी जरूर होते हैं, लेकिन उसके मूल कारण की जड़ तक नहीं पहुँच पाते हैं। इसी प्रकार वे डी.डी. धवन के चरित्र के दोगलेपन को उजागर करने में दलित पीड़ा के मलहम के मोह में चूक जाते हैं।

सन् 1998 में आत्मकथाकार सहायक प्रबन्धक पद से उप प्रबंधक के पद पर पदोन्नति पाकर गांधीधाम (गुजरात) से दोबारा नई दिल्ली के मुख्य कार्यालय में आ गये थे। तब एक सामान्य चपरासी गंगाशरण शर्मा अपने ही साथी रतनसिंह को बार-बार सूरजपाल की जाति के बारे में कहता है कि–

''कैसा जमाना आ गया, भंगी भी अफसर बनने लगे..., अब इनकी मेज-कुर्सी साफ करो और पानी पीलाओं।''[28]

दलितों के बारे में आत्मकथाकार कहते हैं कि–

''ऐसी एक नहीं न जाने कितनी घटनाएँ हैं। कुत्ते, बिल्लियों और जंगली जानवरों की पूजा करने वाले हिंदू दलितों के विषय में संकीर्ण मानसिकता क्यों पाले हैं? दलित ऑफिसर के मातहत क्लर्क या चतुर्थ श्रेणी का गैर-दलित कर्मचारी न जाने कब उसे उसकी जाति का ओछापन याद दिलाकर उसके सम्मान

को ठेस पहुँचा दे। दूसरी ओर दलित अफसर का उससे बड़ा अधिकारी न जाने कब उसकी 'गोपनीय रिपोर्ट' खराब करके उसके भविष्य को ही बिगाड़कर रख दे, कुछ कहा नहीं जा सकता।"[29] आत्मकथाकार बिलकुल स्पष्ट बताना चाहते है कि आज भी गैर-दलित अफसरों द्वारा दलित कर्मचारियों पर ऐसा व्यवहार हो रहा है।

'यह गाँव है' में आत्मकथाकार ने अपने गाँव में दलित-दलित (भंगी-चमार) के बीच अंबेदकर भवन अपने-अपने इलाके में बनाने के लिए खैंचातानी का प्रसंग चित्रित किया हैं। उत्तर प्रदेश सरकार ने दी गई डेढ़ लाख की गान्ट में अंबेदकर भवन बनाने के लिए भंगी और चमार के बीच शाब्दिक संघर्ष होता हैं। आत्मकथाकार यह बताना चाहते है कि दलित-दलित (भंगी-चमार) के बीच भी ऊँच-नींच के भाव और जातिगत अछूतापन की बात को बताकर बनवारी लाल लेखक को बताते हैं कि–

"लल्ला, तोय पतौ नार्यं, तू तो दिल्ली में रहतुए (रहता है), गाम के जे चमार अंबेदकर जयन्ती के मौके पर हमें बाबा साहेब की मूर्ति पर फूलऊ (फूल भी) नायँ चढ़ाने देते..., अंबेड़कर सदन बन जाने पर ये वामें हमें अंदरऊ (अंदर भी) नायँ जान दिंगे।"[30]

दलित-दलित के बीच भी जातिगत भेद बड़ी दुखद बात है गाँव के चमार भी दूसरे गैर-दलितों की तरह भंगियों को 'हरिजन' कहकर पुकारने लगे हैं। प्रभु दादा को गाँव में अपनी जाति के साथ-साथ भंगी को भी सुधारने की बात करते हैं तब प्रभुदादा ने आत्मकथाकार को बताया कि–

"ओ भइया, तू इनकी बात मत कर..., इन हरिजनों को चाहे कितना समजा लो, ये सुधरने वारे नायँ।" बात करते-करते प्रभु दादा झुँझला गए थे। भंगियों के लिए उनके मुख से 'हरिजन' शब्द सुनकर में हतप्रभ होकर रह गया।"[31]

आत्मकथाकार के जीवन में ऐसे अनेक प्रसंग आये जो जातिगत भेद से लगाव रखता है जब अपने गाँव फुसावली में जाते समय अपनी गाडी में एक महिला और बच्ची को बिठाते है जो अग्रवाल जाति की है। गाड़ी में बैठने पर जाति के बारे में बात-चीत होती हैं, महिला सूरजपाल को बार-बार जाति के बारे में पूछने पर वे कहते हैं–

'नहीं, मैं लौधा राजपूत भी नहीं हूँ, मैं भंगी बस्ती का हूँ।"[32] लेखक इस प्रकार के सीधे और सपाट उत्तर से वह महिला अवाक् रह गई और उसका चेहरा फक्क पड़ गया। जब गाडी से उतरने के बाद आत्मकथाकार महिला के घर चाय

पीने जाने की बात करता है तब वह महिला कहती हैं कि—''यह गाँव है, भला यहाँ मैं घर में बैठाकर तुझे कैसे चाय पिला सकती हूँ।..., अलीगढ़ मेरी ससुराल आना, वहाँ पिला सकती हूँ मैं तुम्हें चाय।''[33]

फुसावली में फोन करने के लिए एस.टी.डी. जैसी कोई व्यवस्था नहीं है। गाँव में मात्र ठाकुर मंगलसिंह के घर में फोन करने की व्यवस्था है। लेखक वहाँ पर कुर्सी खाली होते हुए भी बैठ नहीं पाता, जाति भेद से। ठाकुर मंगलसिंह अंबेदकर भवन के बारे में मनबीरा को पूछते हैं कि—''हरिजनों में अंबेड़कर भवन के बनने की बात बनी'' या ना बनी, हरिजन शब्द लेखक सुनते ही ठाकुर को कहते हैं कि—''ठाकुर, तुम्हें पता है 'हरिजन' शब्द बोलना अब कानून जुर्म है—''...तो का बोलें?'' 'दलित।'[34]

'तस्वीर का दूसरा रुख' में दलित साहित्यकारों के बीच खेमेबाजी, चमार-भंगी विभाजित चेतना उनके बीच आपसी खींचतान, एक दूसरे को खारिज करते हुए केंद्र में अपने को बनाए रखने का मोह (आत्म प्रतिष्ठा) का जीवंत दस्तावेज है। सूरजपाल दलित साहित्यकारों में शीर्षस्थ ओमप्रकाश वाल्मीकि, मोहनदास नैमिशराय के लिए दलित संगोष्ठियाँ दलित प्रतिबद्धता का नहीं, बल्कि ज्यादा से ज्यादा अपनी कीमत वसूलने और सुखसुविधा बटोरने की जरिया है। संगोष्ठियाँ आयोजित करने वाले लोग भी ऐसे हैं कि कभी उन्हें बुलाने की मजबूरी में, तो कभी बुलाने की बाह-बाही में उनकी इन हरकतों को पोश रहे हैं। सूरजपाल ने तेजसिंह, कर्दम, बेचैन की तस्वीर के दूसरे रुख की प्रस्तुति दूसरे तर्ज पर की है। दर असल शीर्षस्थ दलित साहित्यकारों की समीक्षा में, प्रस्तुतीकरण में सूरजपाल स्वयं बुरी तरह से आत्मग्रस्त हैं। यदि वे दलित साहित्यकारों की तस्वीर के पहले रुख के मद्देनजर उनकी तस्वीर का दूसरा रुख दिखाते तो बात कुछ और होती, लेकिन उन्होंने तथाकथित साहित्यकारों के व्यापक जीवन परिप्रेक्ष्य से काटकर प्रसंग विशेष में उनकी तस्वीर का सिर्फ दूसरा रुख दिखाया है। वे हिंदी दलित लेखकों के बारे में लिखते हैं कि—''हिंदी के कई दलित-लेखक दिन-रात छुआछूत और ऊँच-नीच के विरोध में लिखते और बोलते हैं। लेकिन आकण्ठ जातिवाद में सराबोर हैं। शोषण के विरोध में भी खूब लिखते और बोलते हैं, लेकिन अवसर पाते ही दूसरे का शोषण करने में तनिक नहीं हिचकते। सुविधाएँ ढूँढते फिरते हैं। जहाँ अच्छी और बढ़िया सुविधाएँ हुई, बस वहीं अड्डा जमा लिया। जब तक पहले शोषित व्यक्ति की आँखें खुलती हैं तब तक कोई दूसरा ठिकाना ढूँढ़ लेते हैं। और तो और हजार-हजार, दो-दो हजार के लिए गैर-दलित लेखकों, बुद्धी जीवियों के सम्मुख

अपने ही दलित को उपहास करने से नहीं चूकते। ये दलित लेखक पीठ पीछे गैर-दलित लेखकों के विरोध में खूब बोलते हैं, लेकिन उनके सम्मुख उनका हुक्का भरने और ठकुर-सुहाती करने में तनिक भी पीछे नहीं रहते।''[35]

इस प्रकार सूरजपाल जैसे अपेक्षाकृत शिखर के नीचे के दलित साहित्यकार की शिखरस्थ दलित साहित्यकारों की तस्वीर का दूसरा रुख दिखाकर जल्दी से जल्दी शिखर पर पहुँचने की एक सोची समझी जुगत ज्यादा लगती है। साहित्य लेखन के क्षेत्र में आत्मप्रतिष्ठा की भूख उनका पीछा नहीं छोड़ती है। दलित साहित्यकारों के बीच अपनी लेखकीय प्रतिष्ठा की भूख इस प्रकार की समीक्षा के मूल में है। वे शिखरस्थ दलित साहित्यकारों की समीक्षा और प्रस्तुति के बरख्श इस बात को लेकर बराबर आत्म सजग हैं कि मेरी दलित प्रतिबद्धता इनसे ईमानदार है। आत्मकथाकार सूरजपाल की सर्वग्राही भुख-पेट की भूख, सामाजिक मर्यादा और साहित्यिक प्रतिष्ठा-साहित्यिक आत्म प्रतिष्ठा जहाँ उनकी रचनात्मक ऊर्जा का स्त्रोत है, वहीं वह उनके विलचन और भटकाव की भी जड़ है। रोचक तथ्य यह है कि वे मौके पर खामोश वने रहते हैं और बाद में उन्हें उघाड़ना शुरु करते हैं। कुल मिलाकर शीर्षस्थ दलित साहित्यकारों से सूरजपाल की जद्दोजहद उनके बीच और ज्यादा जगह घेरने की आकांक्षा के रूप में सामने आती हैं।

आत्मकथाकार सूरजपाल साहित्य में युवाओं को आगे बढ़ाना उनकी प्रतिभाओं को नया जोश देने के पक्ष में है लेकिन 'दलित लेखक संघ' के अध्यक्ष डॉ. तेजसिंह को यह पसंद नहीं है जब लेखक ने 'दलित लेखक संघ' के दो दिवसीय अधिवेशन में युवा लेखकों की बात की तो डॉ. तेजसिंह लेखक के सामने झूँझला कर बोलते हैं कि--

''यार, तुम कल के छोकरों को बहुत जल्दी आगे बढ़ाने में लगे हो, इन कल के पैदा हुओं को बहुत जल्दी पड़ी है हीरो बनने की...।''[36]

सूरजपाल का अर्तविरोध जीवन और साहित्यकार के बीच रहा है। जब लेखक को 'रमाकान्त स्मृति कहानी पुरस्कार' (अहल्या कहानी संग्रह) से सम्मानित कार्यक्रम में 40-45 दलित लेखकों में से मात्र तीन लेखक ही इस कार्यक्रम में आये थे। कारण यह हो सकता है कि पुरस्कार में आपसीगुट बाजी। डॉ. श्यौराजसिंह 'बचैन' ने भी सूरजपाल की आत्मकथा 'तिरस्कृत' का जिक्र अपने 'हिंदी में दलित साहित्य लेख' में ही नहीं किया था। जब सूरजपाल उनको मिलते है और बात होती है तब पता चलता है कि दलितों-दलितों के लेखन के बीच भी ऐसा पैंतरा चल रहा है। उनकी आत्मकथा का जिक्र न करने के बारे में वे बताते हैं कि--

"मुझे तो ओमप्रकाश वाल्मीकि ने मना किया था कि 'तिरस्कृत' की चर्चा किसी चर्चित पत्र-पत्रिका में मत कर देना, मेरी आत्मकथा पर असर पड़ सकता है।"[37] इस प्रकार दलित लेखकों के बीच भी छोटे-वड़े का भेद स्पष्ट रूप से दिखाई देता है। 'अखिल भारतीय दलित कवि सम्मेलन' में ओमप्रकाश वाल्मीकि ने अपने आपको एक वरिष्ठ दलित साहित्यकार बता कर 1500 रुपये मानदेय को अस्वीकार करते हैं और कहते हैं कि—"तुम्हें वरिष्ठ दलित लेखक का सम्मान करना नहीं आता, तुम्हें पता है मेरा कितना नाम है, पाँच हजार से कम न लूँगा।"[38]

अपने आपको वरिष्ठ दलित साहित्यकार मानने वाले साहित्यकार जब दलित लेखक के पुस्तक का लोकार्पण होता है तो स्वयं गैरहाजिर रहते हैं। ऐसा स्वयं आत्मकथाकार की कहानी 'बदबू' का दलित लेखक संघ की ओर से चर्चा कार्यक्रम जो दिल्ली में रखा गया था। उसमें इस कहानी पर बोलने के लिए स्वयं अपना नाम सुझाने वाले मोहनदास नैमिशराय कार्यक्रम के दिन दिखाई ही नहीं पड़े। दूसरा कार्यक्रम 'दलित लेखक संघ' बनारस इकाई ने संत रविदास जन्म दिवस के अवसर पर रखा था। नैमिशराय जैसे बड़े लेखक ऐसे कार्यक्रम में आने के लिए मानदेय राशि और सैकिंड ए.सी.के रेल टिकट भिजवाने पर भी कार्यक्रम में आए भी नहीं और सूचना भी भेजी नहीं। इससे ही स्पष्ट हो जाता है कि दलितों खूंद दलितों के हितों में पीछे रहते है तो दूसरे गैर-दलितों की बात ही क्यों? तो फिर दलित आंदोलन की बात ही क्या? ओमप्रकाश वाल्मीकि और नैमिशराय जैसे बड़े कहलाने वाले दलित लेखकों के व्यवहारों में मोह-भंग की स्थिति और अपने आपको एक समाज-धर्मी तथा आंदोलनरत-साहित्यकार होने के नाते यह बात कितनी शरमजन्य है।

इस प्रकार तस्वीर के दूसरे रुख वाले दलित साहित्यकारों की प्रस्तुति दोगले, नकली, खोटे यानी पूर्ण नकारात्मक रूप में है। दलित साहित्यकारों की आपसी खींचातानी से दलितों एवं साहित्यकारों दोनों को नुकसान है। फिलहाल प्रतिस्पर्धा आवश्यक है, परंतु ईर्ष्या नहीं। जिस तरह से दलित साहित्यकारों में अपने अंतर्विरोध हैं, उसी तरह से सवर्ण साहित्यकारों में भी हैं। निराला जैसे कवि, लेखक को महावीर प्रसाद द्विवेदी जैसे संपादक हासिए पर रखते थे, परंतु इससे आत्मकथाकार को घबड़ाना नहीं है बल्कि अपनी रचनाओं में मुँहतोड़ जवाब देना है। होशियारी हर युग के लेखकों में रही है और रहेगी।

'अंग्रेजु कौ बाप बन गयौ है', में मौसी के निधन पर भी आत्मकथाकार दलित समाज आधारित क्रियाओं से अलग रहता है और भले ही भूपसिंह चाचा

आँखें मिचमिचाते और गालियाँ देते हैं–"बहनिया के टिटना, पूरौ अंग्रेजु को बाप बन गयौ है...इज्जत कौ तनिक भी ख्याल ना है।"[39] आत्मकथाकार चाचा की इस बात ही नहीं समझ सका और भूपसिंह चाचा तुरंत ही बोले–"अरे बापरे, यहाँ सभी नाते रिश्तेदार व सगे-संबंधी मौजूद हैं, एक-एक घूँट इनके गलें में उतर जाएगी तो ये सभी दुआ दिंगे और मरने वाली की आत्मा कूँ शांति मिलेई।"[40] इस स्थिति को देखकर आत्मकथाकार को बहुत भारी दुःख होता है। फिलहाल वे सभी लोग शराब पी के ही रहते हैं। भूपसिंह चाचा ने तो बोतल में से शराब की कुछ बूंदे चिता पर उड़ेलते हुए कहा था–"ले भाभी चमेली पीती जा... ।"[41]

चाचा भूपसिंह की इस प्रकार की हरकतों को देखकर आत्मकथाकार को सन् 1932 में लिखी गई प्रेमचन्द की कहानी 'कफन' के दो पात्र घीसू और माधव याद आते है।

'एक बार फिर' में पिता के मकान बंटवारे से लेकर उन्हें अपने साथ रखने के विवशता की दौरान सूरजपालने अपने लिए दो नई मुश्किलें खड़ी कर ली। पहली मुश्किल की जड़ में उनकी 'सुनहरी-कुचक्र' संबंधी ग्रंथि थी और दूसरी मुश्किल की जड़ में उनकी पत्नी विमला की 'ससुर संबंधी ग्रंथि।' पिता के मकान के बंटवारे के विवाद के आसपास सूरजपाल का एक्सीडेंट हुआ था। वे सड़क के इस पार अपने फलैंट में और उस पार पिता के मकान में सुनहरी अपने परिवार के साथ रहते थे। भानु-मधुर अभी काफी छोटे थे। इसलिए चाचा की मदद में सुनहरी के बेटे जय और राजु आने लगे। अपने पिता के साधारण घर की बनिस्वत चाचा के घर की चमक-दमक युवा जय को ज्यादा पसंद आयी। इसके चलते वह घर में विशेष आने और मदद में ज्यादा रस लेने लगा। पारिवारिक लगाव के चलते जय के इस विशेष गुण ने चाचा-चाची को अपनी ओर खींचा। आगे जो कुछ हुआ, उसमें लगाव न था, बल्कि सूरजपाल की चाल थी। पिता का मकान खरीदने, रगबर को पूरा साथ देने, पिता से अपनी पढ़ाई की हिसाब माँगने आदि से 'सुनहरी कुचक्र ग्रंथि' से सूरजपाल अत्यंत मर्माहित हुए थे, पर वे उस समय चुप लगा गए। असल में भाई-भाई के बैरी होने की बात सुनहरी और सूरजपाल के ही बीच थी और जय इन्हीं सुनहरीलाल का बड़ा बेटा था। उन्होंने उसे कर्ज लेकर पढ़ाया-लिखाया था और वह निकट भविष्य में सोने का अंडा देने वाला था। सूरजपाल ने सुनहरी के पिछले कुंचक्र का जवाब लगाव की ओ़ट में उसे कानूनीतौर पर बेटा बनाकर दिया। यह घटना दोनों भाईयों के बीच बैर की वह

मजबूत कड़ी थीं। जय को गोंद में लेने के मामले में उसकी सोसाइड कर लेने की धमकी लेखक को देते हैं—"देखा चाचा, मैं तो आपको ही आपना पिता और चाची को अपनी माँ मानता हूँ, मैं अब सुनहरी के पास नहीं रह पाऊँगा..., यदि आप मुझे अपने घर आने के लिए मना करोगे तो मैं सुसाइड कर लूँगा।"[42]

विमला के प्रति जय का आकर्षण और सूरजपाल की किंकर्तव्य विमूढ़ स्थिति कतई प्रधान कारण नहीं है। इस योजना के मियाँ-बीवी दोनों बाकायदा शामिल थे और सूरजपालने विमला को पूरे विश्वास में लिया था, क्योंकि जय भावात्मक रूप से चाचा से ज्यादा चाची के करीब था। दूसरे उसकी अपनी कोख का बेटा-भानू-भी था। सुनहरी अपने बेटे को सूरजपाल और विमला के जाल से छुड़ाने के लिए पुरुष की औरत के प्रति सबसे छिनौनी-पार्नो-हरकत यानि विमला पर चरित्राक्षेप कर रहे थे और सूरजपाल सुनहरी कुचक्रग्रंथि का कारण जवाब देने के लिए विमला की इज्जत की ओट लेकर जय को छोड़ने के लिए तैयार न थे। दोनों भाईयों की दृश्य-अदृश्य चाल में जय और विमला मोहरे थे। सूरजपाल की जय वाली चाल, सुनहरी के पिछले 'कुचक्र' से इतनी भारी थी कि लगता है दोनों भाईयों के भाई-चारे के संबंध खत्म हो गये। फिलहाल उस समय दोनों भाईयों का एक-दूसरे के यहाँ आना-जाना, बोलना-चालना बंद हो गया था। चार-पाँच सालों के बाद, जय की शादी से एक बेदखल कर दिए जाने और उसके दहेज को अकेले सूरजपाल के हड़प जाने के अंदेशे से सुनहरीलाल ने अपनी जबान खोली थी। और चंद्रा साहब के घर मेरठ जाकर सब कुछ बता दिया। फिर भी चंद्रा साहब सबकुछ भूलकर दिल्ली आये और पूनम अपने परिवार के साथ खरीददारी में लगी हुई थी तब जय बोला था—"देख मम्मी देख, पूनम पूरी औरत की औरत नजर आती है।"... भानु हँसता हुआ बोला था—भाभी औरत नहीं तो और क्या है...नारी तो नारी ही नजर आएगी, भाई कैसी पागलों जैसी बातें करता है?"[43]

जयप्रकाश अपनी पत्नी पूनम के गर्भावस्था के समय भी कलकत्ता नहीं जाता और विमला के साथ ही रहा करता। अब भानु भी 19-20 वर्ष का हो चुका है वे भी सूरजपाल के मित्र की बेटी से इश्कबाजी करने लगा है। इसीलिए विमला और भानु एक-दूसरे की बात जानते हुए भी चुप बैठे है जैसे—'तू कह न मेरी और मैं न कहूँ तेरी।"[44]

जयप्रकाश के घर बेटी का जन्म होने के बाद उसे दो महिनों के बाद दिल्ली लाया जाता है और जय अपनी पत्नी के साथ सोने की वजह अपनी चाची विमला

के साथ आकर सो जाते है आत्मकथाकार ने जब कहा तो वह कहता है कि–"छोटी बच्ची रात को रोती है, मेरी नींद खराब होती है इसीलिए आ जाता हूँ।" विमला भी उसके पक्ष में बोलती है कि–"जवान बहन और भाई के सामने यह पूनम के साथ सोएगा तभी तुम्हें अच्छा लगेगा।"[45]

जय और विमला पूनम होते हुए भी एक दूसरे का साथ रहना नहीं छोड़ते थे। वे किचन में भी विमला के साथ बाते करते रहते थे। आत्मकथाकार को अपने लड़के भानु ने भी बताया था कि–"पापा, भाई मम्मी को ब्लेकमेल करता है और कहता है कि चार आदमियों में उसने मुँह खोल दिया तो कहीं मुँह दिखाने लायक नहीं रहेंगी।"[46]

जय और विमला तथा भानु की इश्कबाजी को लेकर आत्मकथाकार ने अपने साढू (रिश्तेदार) को शुभचिन्तक मानकर सब बात बताते है परंतु इन रिश्तेदार ने तो भानु के पक्ष में बात करते हुए कहा कि–"यही तो उम्र है उसकी फिर क्या बुढ़ापे में करेगा।"...साली कमला ने भी जय के बारे में बताया था कि–जीजा जी, मुझे जय के चाल-चलन अच्छे नहीं लगते, आप दीदी को समझाओ ना।"[47]

आत्मकथाकार के साढू भाई के. पी. सिंह के भतीजे की शादी में सूरजपाल और भानु आदि नातरिश्तेदारी की वजह से गये थे। वहाँ पर भी जय टेलिफोन पर लगा हुआ था। इसलिए सूरजपाल और जय के बीच संघर्ष होता है और उसके बाद जय वहाँ से चला जाता है। के.पी.सिंह की माँ ने सूरजपाल को बताया कि–"सूरजपाल बेटा, विमला तुम्हारे साथ छल कर रही है, कल रात बारात से आने के बाद सभी औरतें नाच-गान में लगी रही और यह इस लड़के को लेकर रात-भर नीचे वाले कमरे में सोती रही।"[48] घर आने के बाद भी जय और विमला के बीच ऐसी ही हरकतें चलती रही। एक दिन विमला छत पर खड़ी थी सूरजपाल खूंद उसको बुलाने जाते हैं तो देखकर दंग रह जाते हैं, विमला जय के गले में दोनों हाथ डालें बातें कर रही थी। दोनों बाते कर रहें थे कि–"यह तो बकता ही रहता है, तूने चार-पाँच दिनों बाद चले जाना है, काहे को मुँह लगता है इसके।"[49] विमला और जय की हरकतें अब सूरजपाल से देखी नहीं जाती। इसलिए जय को अपने घर में से भाग जाने के लिए सूचना देते हैं। दोनों के बीच लड़ाई होती है, जय सूरजपाल को पीटता है। छोटी बेटी मधुर देखती ही रह जाती है। और उसने अपनी माँ से कहा कि–"पिटवा दिया न अपने प्यारे लल्ला से पापा को, अब हो गई तुझे तसल्ली।"...माँ मधुर को कहती है कि–"चल-चल अपना काम कर, बड़ी आई बाप की दुलारी।"[50]

विमला की ऐसी हरकतों से आत्मकथाकार परेशान थे। वे अपना जीवन फिर से शुरू करना चाहते थे। 'जो बीत गई सो बात गई' की कहावत के अनुसार लेकिन विमला यह मानने के लिए तैयार ही नहीं थी। फिर भी सूरजपाल उसको समजाते हुए कहता है कि–"विमल, जो हो गया उसे भूल जाते हैं, न तुम याद रखें न मैं, आज से हम नया जीवन शुरु करते हैं।"[51] विमला को यह शर्त मंजूर ही न थी वे तो घर में जय के साथ ही रहना पसंद करती है। सूरजपालने जय के साथ सब संबंध तोड़ दिया था कि पूनम का जीवन बर्बाद न हो जाए।

8 फरवरी, 2000 के दिन पूनम अपने माता-पिता के साथ घर पर आ पहुँची। पूनम को इस सारी बातों का पता चल गया था अब उससे भी रहा नहीं जा रहा था। वे पिताजी को कहती हैं कि–"पापा, मेरा जीवन बर्बाद हो गया, मैं लुट गई...मेरी बच्ची का क्या होगा?"..."पापा, मम्मी और जय ठीक नहीं हैं, पहले तो मैं केवल शक ही करती थी, लेकिन अब पटना में मैंने अपनी आँखों से... ।[52] विमला अब जय के साथ पटना में रहने लगी थी। चंद्रा साहब श्रीमती चंद्रा, पूनम और मधुर वहाँ जाकर उसको समझाने की कोशिश करते हैं लेकिन विमला मानने के लिए तैयार ही नहीं हैं और कहती है कि–"ले-क्या करेगा तू मेरा, मैं इसी के साथ रहूँगी।"...श्रीमती चंद्रा को गुस्सा आया और वह बोली–"अरे हरामजादी, तूने ऐसा ही करना था तो फिर मेरी बेटी की शादी इससे क्यों की?"[53]

आत्मकथाकार को फिर भी विमला के प्रति सहानुभूति थी। वे विमला की बात अपने रिश्तेदारों को बताते हुए कहते है कि–"यह विमला वही औरत है जो मेरे बार-बार मना करने पर भी 'करवाचौथ' वाले दिन मेरी लंबी आयु व सुखमय जीवन के लिए व्रत रखती थी और रात को चाँद देखने पर मेरी आरती उतारकर व पैंर छूकर व्रत खोलती थी।"[54] विमला को बहुत समझाने के बाद भी घर आने के लिए तैयार नहीं हुई।

नात-रिश्तेदारों के दबाव में आकर विमला भानु के साथ अपने घर लौट आई है लेकिन वह मधुर और मुझे बात भी नहीं करती थी। जब मैं चंद्रा साहब के साथ फोन पर बात कर रहा था कि विमला ने चीखते हुए कहा था कि–"इस कुत्ते के बीज का अब क्यों फोन आता है यहाँ?"[55] सूरजपाल विमला के ऐसे शब्द सुनकर हैरान हो गये थे।

विमला से तंग आकर सूरजपाल ने आत्महत्या करने का निर्णय भी कर दिया। 19 अप्रैल, सन् 2000 वाले दिन आत्मकथाकार ने पंखें में रस्सी डालकर

फंदा लगाकर झूलने की पूर्ण तैयारियाँ कर दी थी परंतु मधुर का क्या होगा? इस विचार ने सूरजपाल को बचा लिया। राजेन्द्र यादव जी ने लेखक को बहुत समझाया और हरकिशन संतोषी ने तो पत्र लिखकर अच्छी बात कही थी कि–"चौहानजी, अपनी लेखनी को अपनी जीवन-संगिनी बना लो, यह जीवन के साथ-साथ आपको असीम सुख देगी।"[56]

आत्मकथाकार की पहली आत्मकथा 'तिरस्कृत' के लोकार्पण के दिन सुश्री रजनी तिलकने सूरजपाल के घर फोन करके मधुर को अपने बाप के विरुद्ध होने की सलाह भी देते है कि तुम्हारे बापने तुम्हारी माँ के विरुद्ध में बहुत उल्टा-सीधा लिखा है कि–"अरे, मधुर, तुम्हारे डैडी ने तुम्हारी माँ के बारे में पुस्तक में उल्टा-सीधा लिखा है और तुम चुपचाप बैठी हो, अपने बाप के विरुध्ध हो जाओ, मैं तुम्हारे साथ हूँ।"[57] सूरजपाल के साथ अब बहन-बहनोई सहारा देने के लिए उसके पास आए थे और बहनोई ने टहलते समय सूरजपाल को पूछा कि–"चौहानजी, कहीं ऐसा तो नहीं कि आप अपनी पत्नी के साथ ठीक से शारीरिक संबंध..., इसीलिए वह आपको छोड़कर चली गई हो?"[58]

सूरजपाल के साथ इतनी हरकतें करने के बाद भी विमला ने 'महिला आयोग' में जाकर शिकायत लिखवा दी और आरोप भी लगाया कि–"यह मुझे खाने के रोटी और पहनने को कपड़े नहीं देता, यह ना-मर्द है और इसके बस का कुछ नहीं।"[59] महिला आयोग की कॉउंसलर सुश्री प्रिया नरुला को विमला की सच्ची बात का पता चला तब विमला को डॉटते हुए कहा कि–"यह महिला आयोग सचमुच की सताई और दुःखयारी महिलाओं की परेशानियों के निबटारे के लिए बना है...आप जैसी औरतों के लिए नहीं, चलो भागों यहाँ से।"[60] इतना करने के बाद भी सूरजपाल जी अपनी पत्नी को स्वीकारने के लिए तैयार है। तो सुश्री प्रिया ने कहा कि वे आपके साथ रहने के लिए तैयार ही नहीं है।

आत्मकथाकार अब दिल्ली में अपनी एकलौटी बेटी मधुर के साथ रहते है और विमला तथा भानु आज कहाँ पर रहते है उसका उनको ख्याल ही नहीं हैं। कितनी दुःख की बात है आत्मकथाकार के लिए।

आत्मकथाकार घर के मालिक और बड़े थे। विमला, जय, भानु मधुर उनके अनुगामी थे। विमला सूरजपाल का ध्यान रखती थी और उनका भरोसा तथा समर्थन करती थी। सूरजपाल का एक्सीडेंट, जय के गोद और शादी के प्रसंग। वह सूरजपाल की बात भी मानती थी। (मधुर की पढ़ाई के लिए नोयडा में रुकने का संदर्भ)। जय को सूरजपाल का भरोसा था। वह उनका आदर करता था, पर

उनसे डरता न था। आदरभाव के कारण वह सूरजपाल की बात, यहाँ तक कि डाँटना फटकारना भी सह लेता था। शादी वह तीन साल बाद करना चाहता था, लेकिन सूरजपाल की बात से वह सहमत हो गया। उसके आदर भाव और सहनशीलता की एक सीमा थी। अजय की शादी में सूरजपाल के थप्पड़ का जवाब पर थप्पड़ से दे सकता था लेकिन वह मुट्ठी तानकर रह गया। बाद में घर आने पर भी उसने अपना गुस्सा सूरजपाल पर नहीं, घर की चीजों पर उतारा। भानु-मधुर, आरंभ से ही भाव व्यवहार के स्तर पर यद्यपि विमला से ज्यादा निकट थे, पर वे अपने पिता सूरजपाल का विश्वास करते थे और उनकी बातें भी मानते थे। विश्वास के कारण, भानु-मधुर, विमला और जय के बीच की बातें सूरजपाल को बताते थे।

'मुलाकात एक आधुनिक जुलाहे से' प्रकरण में डॉ. धर्मवीर से अपनी मुलाकात को सूरजपाल ने 'तस्वीर का दूसरा रुख' न कहते हुए भी उसी रूप में प्रस्तुत किया है। 'तस्वीर का दूसरा रुख' और डॉ. धर्मवीर से मुलाकात की कड़ियाँ आपस में मिलाकर देखने पर यह बात बिलकुल साफ है। तस्वीर के दूसरे रुख वाले दलित साहित्यकारों की प्रस्तुति जहाँ दोगले, नकली, खोटे यानी पूर्ण नकारात्मक रूप में है, वहीं धर्मवीर की प्रस्तुति पूर्ण सकारात्मक रूप में हैं। दूसरे रुखवाले उन्हें पूरी तरह से त्याज्य है जबकि धर्मवीर का पूरा व्यक्तित्व और कृतित्व उन्हें आपात मस्तक ग्राह्य है। सूरजपाल की यही वह विभाजित चेतना और खड़ित दृष्टि है जो दलित साहित्यकारों को विशुद्ध दो खाने में बाँटकर देखती हैं। वह दोनों के दोष सापेक्ष गुणों या गुण सापेक्ष दोषों को देखने से चूक जाती है। अपनी इसी खंडित दृष्टि के कारण तस्वीर के दूसरे रुखवाले दलित साहित्यकारों के लिए लोकतन्त्रीय अभिव्यक्ति की स्वतंत्रता के मुद्दे नजर कलम की तलवार भाँजते हैं और डॉ. धर्मवीर के लिए अपनी दृष्टि खोकर श्रद्धा और कृतज्ञता की फूलमाला लिए दौड़ते हैं। सूरजपाल ने तिरस्कृत में ओमप्रकाश वाल्मीकि को तस्वीर के पहले रुख के रूप में पेश किया था और तीन-चार सालों के भीतर ही उन्होंने वाल्मीकि की तस्वीर का दूसरा रुख देख लिया। घर परिवार और लगता है दलित साहित्यकारों के बीच भी आत्मनिर्वासन के दौर से गुजरते हुए सूरजपाल को आत्मआवास के लिए कोई शीर्षस्थ दलित साहित्यकार चाहिए था और ऐसे मौके पर उन्हें डॉ. धर्मवीर मिल गये।

सूरजपाल धर्मवीर से दूसरी मुलाकात में पूरी तरह अभिभूत थे। अंबेड़कर को भगवान मानने वाले दलितों से उनकी दृष्टि बिल्कुल अलग नहीं है। फर्क

इतना है कि वे अंबेड़कर का स्थानापन्न धर्मवीर को बनाना चाहते हैं। उन्होंने अपनी समीक्षा भी की है, लेकिन उनकी आत्मसमीक्षा विशुद्ध दो रंगी है। धर्मवीर से मिलने के पहले, दूसरों के कहने पर और उनके साहित्य को बिना पढ़े, वे धर्मवीर को अंबेदकर का विरोधी यानी एकदम गलत समझते थे। "मैं बिना बात के ही और दूसरों के कहने पर उन्हें बाबा साहेब डॉ. अंबेड़कर का विरोधी समझ बैठा था, यथार्थ से कोसों दूर! सच बात तो कुछ और ही है। मेरी आँखों के सामने से उन्होंने अंधकार की जो परतें उतारी, वाकई—मैं जीवन भर उनका ऋणी रहूँगा। उनकी विचारधारा जानकर मैं बहुत दिनों तक अपने को कोसता रहा, यही सोचकर कि बिना बात के ही मैं डॉ. धर्मवीर को गलत समझ बैठा हूँ।"[61]

सूरजपाल डॉ. धर्मवीर से मिलने के बाद तथा उनकी किताबें पढ़कर विचारधारा से परिचित होने पर वे उन्हें निर्दोष समझने लगे। डॉ. धर्मवीर के कृतित्व—व्यक्तित्व के तात्कालिक प्रभाव से सूरजपाल इतना सराबोर है कि अहोभाव मूलक श्रद्धा स्फीर्ति में उन्होंने अपनी दृष्टि खो दी है। इसी के चलते उन्होंने सर्वगुण सम्पन्न डॉ. धर्मवीर में सरापा डूबी दृष्टि से उनके आलोचना कर्म और आलोचकीय व्यवहार दोनों का पूरा समर्थन किया है। मसलन डॉ. धर्मवीर कबीर को ब्राह्मणवादी खेमें से निकाल लाए और आलोचना के इतिहास को उलटकर रख दिया, बिल्कुल कबीर के ढंग से। यह सही है कि डॉ. धर्मवीर कबीर को 'ब्राह्मणवादी खेमें से निकाल लाये दलित खेमे में, लेकिन कबीर के दंग से नहीं, बल्कि दलित बाडे बंदी वाली दृष्टि से। कबीर को 'जिस निर पख मानुस' की तितीर्षा है वह किसी बाडेबंदी का मोहताज नहीं। वह हर बाडेबंदी से ऊपर है। कबीर मनुष्य के लिए मजहब, वर्ण जाति (ब्राह्मण-शूद्र) लिंग (पुरुष-नारी) हर प्रकार के बाड़े का निषेध करते हैं। वे मनुष्य के लिए एक बाड़े के सामने दूसरे बाडे का कायम रखने या मजबूत बनाने के बदले हर बाड़े को जड़ से मिटा दे के पक्षधर है, जबकि डॉ. धर्मवीर ब्राह्मणवादी बाड़े के बरख्श दलित बाड़े की आत्म सजगता वाली दृष्टि के सोचे में कबीर को फिर करते हैं। हद के मनुष्य को वेहद वनाने की चिंता ही कबीर की मुख्य चिंता है यह चिंता डॉ. धर्मवीर की नहीं है—डॉ. अंबेदकर इस बात को ठीक से समझते थे कि हक, समानता, स्वतंत्रता, न्याय की माँग और लड़ाई तक दलित का अर्थ है, मनुष्यता के मुद्दे पर दलित और सवर्ण दोनों बाड़ो को नीरस्त करना जरूरी है। रोचक तथ्य यह है कि डॉ. धर्मवीर की कबीर संबंधी आलोचना दलित बाडेबंदी की शिकार तो है ही, उनका

आलोचकीय व्यवहार भी इसी का शिकार है। सूरजपाल के शब्दों में डॉ. धर्मवीर दलित लेखकों के विरोध में अपने बड़प्पन के चलते कलम नहीं उठाते, लेकिन गैरदलित लेखकों की बात आने पर अपना बड़प्पन छोड़कर कलम की नोंक से उन्हें घायल करने से नहीं चूकते।

डॉ. धर्मवीर अपने बड़प्पन के चलते अपने विरोधी दलित लेखकों के खिलाफ कलम नहीं उठाते, पर सूरजपाल अपना बड़प्पन भूलकर डॉ. धर्मवीर के कंधे से तेजसिंह और वाल्मीकि पर निशाना दागने से नहीं चूकते। धर्मवीर संबंधी दलित धर्म की परिचर्चा में वे तेजसिंह और वाल्मीकि को बातचीत और व्यवहार में दोगला सिद्ध करते हैं। यही कि वाल्मीकि मंच पर दलितों के लिए किसी धर्म की जरूरत नहीं समझते—"मुझे तो नहीं है किसी धर्म-वर्म की जरूरत।"[62] डॉ. धर्मवीर भी धर्म से दलितों को क्या लेना-देना। इस बात को सुनकर कहा था कि—"यदि ऐसी बात थी तो बाबा साहेब डॉ. अंबेडकर ने बौद्ध धम्म को क्यों अपनाया और देश के दलितों से क्यों कहा कि उन्हें हिंदू धर्म त्यागकर बौद्ध बन जाना चाहिए।"[63]

तेजसिंह बौद्ध धर्म को दलितों के लिए सबसे अच्छा धर्म कहते हैं, पर व्यवहार में दोनों अपनी बेटियों की शादियाँ 'हिंदू रीति' से करते हैं। सबाल यह है कि क्या वाल्मीकि और तेजसिंह रोजमर्रा के जीवन व्यवहार में हिंदू रीति-रिवाजों और कर्मकांडों से इसी प्रकार घिरे हुए हैं? सूरजपाल यदि दोनों के रोजमर्रा के जीवन व्यवहार के परिप्रेक्ष्य के संदर्भ में दोनों लड़कियाँ की शादी सम्बन्धी कर्मकांड पर विचार करते तो कुछ बात बनती भी लेकिन उन्होंने इन विशेष प्रसंगों को दोनों के दैनिक व्यवहार से काट करके देखा है। इन विशेष प्रसंगों में हिन्दू रीति-रिवाजों का महत्व शुभकार्य की औपचारिका निभाने से ज्यादा कुछ नहीं है और ऐसी करि गुजारी किसी व्यक्ति के समग्र आचरण का नियामक बिल्कुल नहीं है। यदि तेजसिंह वाल्मीकि, हिंदू रीति-रिवाजों के जाल को काटकर अब उसकी औपचारिकता निभाने तक पहुँचे हैं, तो आज उन्हें घटाने और मिटाने वाले ही हैं, बढ़ाने वाले नहीं।

आधुनिक लोकतंत्रीय मानवीय मूल्यों के बोध और स्तरीभूत भारतीय समाज व्यवस्था के गहरे अध्ययन और विश्लेषण के पश्चात उन्होंने यह दृष्टि अर्जित की थी और यह उनकी भारतीय नागरिक दृष्टि थी। इसके बावजूद उनके मन का एक कोना भयानक रीतेपन का शिकार था। इसलिए उन्होंने व्यक्तिगत तौर पर बौद्ध धर्म अंगीकार किया। यह हिंदू धर्म से अपनी अलग पहचान का एक

तरीका भी था, फिर भी यह उनकी अतीतोंन्मुख भविष्य दृष्टि का परिचायक है। दलितों के हक, अधिकार, अस्मिता और बुनियादी समस्याओं के मुद्दें नजर सापेक्षित रूप में उनके चिंतन का पहला छोर अभी भी प्राथमिक हैं।

आत्मकथाकार ने दलित साहित्यकारों के दोनों संदर्भों को प्रस्तुत किया है और वे जिस चमार-भंगी या कनिष्ठ-श्रेष्ठ भेद के आधार पर साहित्यिक मूल्यांकन के विरोधी हैं, वह गुण-दोष संश्लिष्ट दृष्टि के अभाव के चलते दलित साहित्यकारों की इस प्रकार की प्रस्तुति से मिटने के बदले उनके बीच के आपसी अंतर्कलह को बढ़ाने की दावत देता है। दलित साहित्यकारों की संश्लिष्ट तस्वीर के बदले विशुद्ध दो रंगी–एक एक दम काली दूसरी बिल्कूल श्वेत-तस्वीर की प्रस्तुति से, दलित समाज के हित की बात पीछे छूट जाने का और आपसी आलोचना-पात्यालोचना में दलित साहित्यकारों की शक्ति रीत जाने दलित समाज के मुख्य मुद्दें से भटक जाने का खतरा ज्यादा है।

'पिताजी नहीं रहे' प्रकरण में आत्मकथाकार के पिता (19 दिसंबर, 2003) को स्वर्गवास का वर्णन है। सूरजपाल एक दिन परिवार के टूटकर बिखर जाने पर बहुत परेशान हो रहे थे तब लेखक की आँखें में आँसू भर आए थे। तब पिता ने कहा था कि–

"जानता हूँ कि तू दुःख उठा रहा है, पर सोच कि किसके लिए उठा रहा है, जिंदगी जो चले गए उनके साथ नहीं जाती, जो है उसके लिए जिया जाता है।"[64] रोहनलाल आत्मकथाकार को ऐसी सुंदर बातें करते समझाता और उनको सांत्वना भी देते थे।

आत्मकथाकार के पिता ने कवि गिरधर की एक कुण्डली सुनाई जिससे लेखक को हिम्मत आई। उन्होंने एक दिन मधुर को भी सूरजपाल के बारे में कहा था–मधुर, मेरे निराश होने की बात अपने बाप को मत बताना। "वह नहीं चाहते थे कि उनके दुःख की बातें मेरे दुःखों में और इजाफा करें। मधुर ने हिचकते हुए मुझे कई बार बताया था कि पापा जब आप परेशान या दुःखी रहते हो तो पिताजी आपके पीछे खूब रोते हैं।"[65] इस प्रकार की बाते करते हुए कभी मधुर को भी समझाते थे।

आत्मकथाकार के पिता को सूरजपाल के साथ तीन पुत्र थे लेकिन सूरजपाल के अलावा पिता को संभालने के लिए कोई तैयार ही नहीं थे। सुनहरी ने दो कुत्ते पाल रखे थे और रगबर ने अपने आधे मकान को किराए पर दे रखा था, यह हर्ज की बात न थी। लेकिन सुनहरी ने अपने रिटायर पिता की कीमत पालतू

कुत्तों के बराबर न समझी और रगबर ने उन्हें परिवार का एक सदस्य न माना, यहाँ दोनों खुदगर्ज थे। सुनहरी ने सामान्य और विशेष दोनों परिस्थितियों में पिता की खोज-खबर न ली। इसलिए रोहनलाल और सूरजपाल ने उनसे किसी प्रकार की आशा न की। रोहनलाल, सूरजपाल दोनों के मन में रगबर के प्रति रिश्ते के कुछ कोमल तंतु बचे रह गये थे। उसने रोहनलाल को कुछ महीनों तक अपने साथ रखा था, सूरजपाल के पारिवारिक संकट में भी वह कुछ काम आता था। इसीलिए पिता ने रगबर को बुलाने के लिए कहा कि—बेटा अब मैं बचने वाला नहीं, सुनहरी से तो मैं मिलना नहीं चाहता, लेकिन रगबर से एक बार कहकर देख, वह मुझे एक बार आकर देख जाए।''[66] रगबर को सूरजपाल ने खबर दी और आया लेकिन सूरजपालने मुँह खोलकर कहने पर भी कानी कौड़ी की मदद उसने न की और कहने लगा कि—''मेरी जेब में तो बस का आने-जाने का किराया है, मेरे पास नहीं हैं।''[67]

इस प्रकार रगबर और सुनहरी पिता की बीमारी में वह पक्का खुदगर्ज निकला। पिता को अपने साथ रखने की विवशता के बावजूद अपने दोनों भाईओं की तुलना में पिता के प्रति कोमल संवेदना सूरजपाल में बची थी। इसीलिए वे उनकी बीमारी में हॉस्पिटल में रहे और उनके लिए उधारी भी ली। सूरजपाल ने अपने दोनों भाइयों के व्यक्तित्व को सामान्यतः पैतृकसम्पत्ति के बंटवारे और पिता की आपद् स्थिति में किसी काम न आने के इर्द-गिर्द अपनी घृणा, चिढ़ और गुस्से से रचा है। दोनों भाईयों की खुदगर्जीपन से चिढ़कर ही सूरजपाल पिता के अंतिम क्रिया-कर्म में उनमें से किसी को बुलाना नहीं चाहते थे। साहित्यिक मित्रों और परिवारजनों के कहने पर उन्होंने रगबर को औपचारिक सूचना दी और वह आकर मात्र औपचारिकता निभाकर चलता बना। अंततः रोहनलाल की देखभाल और अंतिम क्रियाकर्म के लिए घर में सिर्फ सूरजपाल और मधुर ही बचे थे। सूरजपालने बड़े उदास मन से लिखा है कि—पिता के सबसे बुरे दिनों में वे उनके साथ अकेले थे। यह सूरजपाल का परवर्ती सच था और पूरवर्ती सच भी। सत्तर के पहले रोहनलाल के बुरे दिनों में भी वे उनके साथ अकेले ही थे। लेकिन सत्तर के पहले सूरजपाल को अपने साथ रखने का निर्णय पिता रोहनलाल का था। रगबर के निकाल देने के बाद पिता को साथ रखने का निर्णय सूरजपाल का था और इस विवशतापूर्ण चयन में वे अकेले थे। विवशतापूर्ण चयन और गहन अकेलेपन के दौर में सूरजपाल और मधुर ने अपने पिता और दादा के प्रति कोमल तंतु को बचाये रखा था। लेकिन सूरजपाल और मधुर की इस दौरान जो जीवन विडंबना

थी। उसमें रोहनलाल की देखभाल और सेवा महा कठिन थी। कारण कि उनकी देखभाल में बाप-बेटी दोनों की दैनिक जीवन चर्या आड़े आती थी। सूरजपाल को दिन में ओफिस, उन्होंने पिता की दुर्घटना के सिलसिले में पहले काफी छुटियाँ ले ली थी, और मधुर को कॉलेज जाना पड़ता था। ऑफिस और कॉलेज के टाईम में रोहनलाल की देखभाल के लिए घर में कोई था ही नहीं। पिता के इस दुर्दिन में सूरजपाल घर-ऑफिस, पिता की सेवा और नौकरी के बीच बुरी तरह से तन गये थे। वे अपनी स्थिति से तंग आकर कई बार गुस्से में थे कि—"रहने दे, मत कर...पड़ा रहने दे गू-मूत में ही बुढ़े को, न जाने किस दिन मौत आएगी इन्हें।"[68]

आत्मकथाकार परिस्थिति से तंग आकर पिता की जल्दी से जल्दी मौत बुला रहे थे, लेकिन वह थी अनिश्चित और विलम्बित। रोहनलाल छोटे बच्चे की तरह पूरी तरह से सूरजपाल और मधुर पर आश्रित थे। उनकी विवशता यह भी थी कि स्वाभाविक मौत उनके हाथों में न थी। रोहनलाल बडे जीवन और कठजीव व्यक्ति थे। घर-परिवार के एक से बढ़कर एक हादसों को वे झेल आए थे लेकिन कभी उन्होंने कायरता हरकत—आत्महत्या या जहर खाने आदि नहीं की। सूरजपाल की विवशता, सेवा, सहनशीलता की परीक्षा की सबसे कठिन घड़ी यही थी। रोहनलाल के इस दुर्दिन में सूरजपाल से अधिक सहजता, धैर्य, साहस, कर्त्तव्य परायणता का परिचय यदि मधुरने दिया तो उसका एक मुख्य कारण यह था कि उसके उपर वटवृक्ष की छाया की आश्वस्ति के रूप में घर में स्वयं सूरजपाल थे। इसीलिए समूची आपदकालीन स्थिति से घिराव का जितना सीधा वास्ता सूरजपाल से था, उतना मधुर से न था। इसके अलावा मधुर का अपना स्वभाव, समझदारी और खुद्दारी थी। वह परिस्थिति के मुताबिक अपने को आसानी से ढाल लेती थी। दादा की सेवा में अपेक्षा कृत सूरजपाल के उसके सहज बने रहने का राज यह था। मधुर के प्रति पिता सूरजपाल का जो अहोभाव मूलक निरीक्षण और अनुभव है, उसका एक मुख्य कारण घर और जीवन में उनका अकेलापन है। एक-दूसरे को बहुत चाहने के बावजूद मधुर के जीवन में सूरजपाल विमला (मां) की और मधुर सूरजपाल के जीवन में पत्नी की रिक्त जगहें नहीं भर सकते थे। इसलिए मधुर सूरजपाल के साथ रहते हुए अपने और पापा के जीवन में विमला (मां और पत्नी) को लौटा ना चाहती थी। सूरजपाल भी ऐसा चाहते थे, लेकिन आत्मग्रस्थ पति-पिता दंभ की शर्तो पर। वे अपनी बेटी के भीतरी मन को न तो ठीक से समझ सके और न वैसा कुछ कर सकें।

आत्मकथाकार के पिता भी डॉ. अंबेडकर को बहुत याद करते थे। कभी-कभी वे डॉ. अंबेडकर के बारे में लिखी गई काव्यपंक्तियों गा देते थे जैसे–

भीम कहूँ भगवान कहूँ या भारत का अवतार तनें
दीनों की नैया डूब रही थी कर दी परली पार तनें
बंबई प्रांत महु खड़े में जनम-सुफल परिवार किया
पिता रामजी राव के घर में, भीम जन्म अवतार लिया
देश-धर्म और जाति-वतन पर दी जान कुर्बान तनें।''69

रोहनलाल के बाथरुम में गिरने से हाथ-पाँव टूटने और सूरजपाल के परिवार के बिखरने की शारीरिक-मानसिक पीड़ा ने भिलकर बूढ़े रोहनलाल की विलम्बित-अनिश्चित मौत को जल्दी अंजान दिया। वे बाहर से सूरजपाल को धीरज बंधा रहे थे, लेकिन भीतर से टूट रहे थे। वे सूरजपाल की मर्मान्तिक पीड़ा को मिटा नहीं सकते थे। हाँ उनके अकेलेपन को कुछ हद तक भर सकते थे। रोहनलाल सिर्फ पिता के स्थान की भरपाई करते थे। वे सूरजपाल के जीवन में भाई, पत्नी और बच्चों की खाली जगहें भर नहीं सकते थे। इसीलिए बालक सूरजपाल के साथ होने पर युवा-विधुर रोहनलाल को 'पत्नी' का और पिता के साथ होने पर भी सूरजपाल को माँ का अभाव सताता था। रोहनलाल के वश में सिर्फ इतना था कि वे सूरजपाल के साथ रहते हुए सकारात्मक रुख रखें और इनके इस दुर्दिन में उन्हें धीरज बंधाते रहें, कारण कि उनकी खूद की सलामती के लिए सूरजपाल का सलामत बने रहना जरूरी था, सूरजपाल के भरे-पूरे परिवार के उजड़वाने का हादसा रोहनलाल की कल्पना और वश के बाहर था। पितृसत्तात्मक संस्कारों और अपनी भुनभुनानेवाली आदत के बावजूद वे ऐसा कतई नहीं चाहते थे, पर सच में ऐसा ही हो गया था और यही पीर उन्हें मन ही मन पिराती थी और मधुर के सामने फूट-फूट कर रोने के रुप में निकलती थी। अंततः वे इसी दुहरी पीड़ा से जल्दी मर गए।

आत्मकथाकार अपने पिता का अंतिम संस्कार (क्रियाकर्म) पारम्परिक ढंग से नहीं करता है, यह प्रशंसनीय है परंतु नात-रिश्तेदारों एवं परिचितों के ताने भी सहन पड़े।' आत्मकथाकार की मान्यता है कि 'बिरादरी! एक ताकत भी और शोषण की एक संस्था भी।'[70] यह सब जानते हुए भी आत्मकथाकार चाची को पाँच किलो लड्डू खरीदकर देता है। ''दोनों चाचियाँ खुश हैं किंतु–दोनों अपनी जेब से रुपए मिलाकर गाँव जाते हुए अलीगढ़ से पाँच किलो लड्डू

और खरीदे थे। जो उन्होंने गाँव जाकर जाति-बिरादरी के घर-घर एक-एक गिलास के साथ बँटवाए थे। यह कहकर कि गाँव मोहल्ले की जाति-बिरादरी के लिए पिता के देहांत के अवसर पर यह सौगात मेरे द्वारा भेजी गई है।''[71]

'धर्मो मर गई' में जीवन की बुनियादी जरुरतों के लिए भीषण संघर्ष के चलते किशोर सूरजपाल के जीवन में प्रेम के विकास के लिए अवकाश कम था, फिर भी वयानुरुप उनके हृदय में धर्मो के प्रति प्रेम के अंकुर फूटे। स्कूल से साईकिल से आते-जाते में मेरी पड़ोसी की लड़की धर्मो को साईकिल पर बिठाकर लाता था। स्कूल से लेखक की साईकिल पर चली आती लेकिन घर आने से पहले ही उतर जाती थी। एक दिन चार-पाँच महीने के बाद साईकिल से उतरते हुए कहा था कि–

''ऐ निर्बुद्धि, जरा सुन।''

''हाँ बोल, क्या बात है?'' मैने साइकिल रोकते हुए उससे पूछा था।

''मैं तुझसे प्यार करती हूँ।''[72]

आत्मकथाकार धर्मो को पागल कहकर चला जाता है। घर आते हुए बालक सूरजपाल को मन गुदबुदी उठता है लेकिन पिताजी के भय के परिणाम स्वरूप गभराता है। धर्मो के भाई को जब इस बात का पता चलता है तब–''उस रोज भी मैं हमेशा की तरह धर्मो को साइकिल पर बैठाकर ला रहा था। वह जैसे ही घर से कुछ दूर पर साइकिल से उतरी कि वहीं दीवार की ओट में खड़े उसके भाई सुरेशने मुझे रोक लिया। बहुत पिटाई लगाई थी उसने मेरी। वह मुझे लात-घूंसों से लगातार मारे जा रहा था।''[73] बालक सूरजपाल के साथ-साथ धर्मो को भी उसके भाई ने बहुत पीटा था। उस दिन से सूरजपाल डर गए कि उससे बात करना तो दूर उसकी ओर नजर उठाकर भी देखना भूल गए थे। इतना होने के बाद भी धर्मो से सूरजपाल का पीछा छोड़ने के लिए तैयार नहीं थी। वे बार-बार उनको मिलने के लिए पड़ोसी के घर आती मुझे मिलने का समय देखती थी। सूरजपाल अब उनसे दूर भागता था क्योंकि पिता से गभराता था। आखिर में धर्मो सूरजपाल को 'डरपोक' कहकर पुकारने लगी। उसके बाद लेखक के पिताजी ने अपना मकान भी बदल लिया। 28 सालों के बाद जब उसको महीपाल द्वारा पता चलता है कि धर्मा इस दुनिया में नहीं है। प्रसव के दौरान दिल्ली के 'इर्विन अस्पताल' में सन् 1989 में उसका देहांत हो गया। लेखक को बहुत भारी दुःख होता है। उन्होंने लिखा है कि–''इस घटना के बाद से मेरे जीवन के अंधकार

भरे प्रेम प्रसंग वाले कोने में, आज तक किसी चन्द्रकिरण या भोर किरण ने उजियारा नहीं बिखेरा।''[74]

इस प्रकार आत्मकथाकार के जीवन में प्रेम के अंकूर फूटे, उसके पहले ही लोगों ने मुर्जा दिया।

'कुछ इधर-उधर की' प्रकरण में 17वीं सितंबर 2004 के दिन दक्षिण भारत द्रविड़ आंदोलन के जनक ई.व्ही. रामास्वामी पेरियार की 125 वीं जयन्ती बनारस में 'अंबेदकर बुद्ध मिशन' और बी.एच.यू. के एस.टी.,एस.सी. टीचर्स एसोसिएशन द्वारा मनाई गई। इसमें प्रो. इंतजार नईम के वकतव्य के सार को आत्मकथाकार इस प्रकार व्यक्त करता हैं कि–''देश के सभी दलितों को सब कुछ छोड़-छाड़कर इस्लाम-धर्म स्वीकार कर लेना चाहिए। यानी उसके अनुसार इस्लाम धर्म दुनिया का सर्वश्रेष्ठ धर्म है। उन्होंने एक बात और कहीं-दलित समस्या की जड़ दलितों का इस्लाम धर्म स्वीकार न करना भर है।''[75] आत्मकथाकार को पता तो है कि किसी भी धर्म के निरपेक्ष विद्वान को बुलाएंगे तो भी वह जाने-अनजाने अपने ही धर्म की बात करेगा। लोगों को पता है कि हिंदू धर्म से ही लोग जैन, बौद्ध, इस्लाम और ईसाई बने हैं।

दलित समाज के लोगों ने अनेक कारण बस अपने गोत्र बदल दिए। इसलिए अपरिपक्व बुद्धि के लोग राजपूत या गोत्र के अनुसार अंदाजा लगाएगें। लेकिन आत्मकथाकार के बताने के बाद भी लोग मानने को तैयार नहीं है क्योंकि उनकी सोहब्बत सवर्णो से है तथा रहन-सहन का स्तर भी बदल गया है। सूरजपाल चौहान चपरासी बाबूराम तिवारी के वशीभूत होकर औहरी साहब के भोजन में भाँग मिला देते हैं। फिर भी औहरी साहब बाबूराम तिवारी के बताने के बाद इतना ही कहते हैं कि–''सूरज, यह कॉलिज नहीं ऑफिस है, ऑफिस के अपने कायदे-कानून होते हैं...यदि मैं चाहूँ तो तुम्हारी शिकायत लिखकर 'कार्मिक प्रभाग' में भेज सकता हूँ, अभी तुम्हारी नौकरी को दिन ही कितने हुए हैं, तुम्हें नौकरी से हाथ धोते देर नहीं लगेगी।''[76] दूसरी तरफ लैम्बर्ड साहब से कालू मामा की मुलाकात भी विकृति का ही सवाल उपस्थित करती हैं। परंतु आत्मकथाकार के पिता कालूमामा को तो गाँव भगा दिए, बाद में कोई और लैम्बर्ड साहब का शिकार हुआ होगा। आत्मकथाकार को पढ़ने के विषय में अपने पिताजी की सबक याद आती हैं कि–''पढ़-लिखकर ही आदमी बड़ा बनता है।''[77]

श्रीमती अजीत कौर पंजाबी की जानी मानी लेखिका ने 'कविता पाठ' और 'कहानी-पाठ' की गोष्ठी रखी थी। उसमें पाकिस्तान के अफसाना, निगर की 'चूहडा'

कहानी से मुझे पता चला कि पाकिस्तान में भी दलितों की यही दशा है। पाकिस्तान के कई रचनाकार ने आकर कहा था कि–"पाकिस्तान में नीच कही जाने वाली कौमों का बुरा हाल है उनके साथ जानवरों से भी बुरा सलूक किया जाता है, वहाँ उनकी बात कहने वाला कोई नहीं है।"[78]

सूरजपाल के कार्यक्रम का मुख्य विषय सवाल बनकर रह गया। और डॉ. रमणिका गुप्ता के घर इंतजार हुसैन साहब अपने पुरखों के बारे में कहा था कि–"हमारे पुरखे ब्राह्मण थे, जमीन-जागीर और राजनीतिक ताकात पाने के लालच में ही हमारे पुरखे मुस्लिम-शासन काल में ब्राह्मण से मुसलमान बन गये।"[79] इसलिए ऐतिहासिक सचाई तो यह है कि जिस धर्म के लोग सत्ता में आये हैं, प्रजा आँख मूंदकर वही धर्म स्वीकारती गई है।

'मौत से सामना' में सूरजपाल के मौत से संबंध है और वह ऑफिस के कर्मचारियों का दूसरा रुप प्रस्तुत करता है। मौत के चारों प्रसंग देश काल के भेद के बावजूद सूरजपाल से संबंध हैं। इसलिए उन्होंने चारों के एक ही शीर्षक के भीतर क्रम से गूंथ लिया है।

इस प्रसंग में आत्मकथाकार के बाल्यावस्था में अपने पिताजी दिल्ली से बक्सा खरीदकर लाए थे। उसमें बड़े भाई सुनहरी ने खेल-खेल में मुझे बक्से में वैठा दिया। और बक्सा का ढक्कन बंद हो गया। आत्मकथाकार बक्से में बंध हो गए। बड़े भाई ने अपने पिता से डर कर से उसके मेरे बक्से में बंध होने की बात न माँ से कहीं और न पिता से। उसकी वजह से सूरजपाल को वैध की दुकान में ले जाना पड़ा था। और जान बच गई थी।

दूसरी घटना कबीर साहिब और बाबा साहेब अंबेडकर की विचारधारा के लिए बाबा बौद्ध प्रकाश के सुनने के लिए सत्संग में गया था। मैं वास्तव में भण्डारा खाने के लिए ही गया था। यहाँ से मामा के साथ घर जा रहा था कि पीछे से ओबरोय-होटल की ओर से तेज गति से आती कार से मैं टकरा गया। इस समय भी लेखक मौत से बच गये थे।

तीसरी घटना गोवा में ट्रेकिंग के दौरान मौत से आमना-सामना करना था। आत्मकथाकार भी दूध-सागर की चिकनी पहाड़ी पर चढ़ते समय इतनी बुरी तरह से फिसला था कि लुढ़कता हुआ काफी दूर तक चला गया। पत्थरों की रगड़ के कारण मेरे दोनों घुटने छिल गए थे। किंतु आर.सी. शर्मा के साथ नदी में नहाते समय आत्मकथाकार की थकावट चली गई थी।

सूरजपाल ने 'सुरलाघाट' तक का रास्ता तय करने में बहुत मुशीबतें सेहनी

पड़ती है आखिर वे परेशान हो जाते है और ग्रुप लीडर आर.सी.शर्मा से कहते हैं कि–''मुझे नहीं करनी अब आगे की यात्रा, मुझे वापस भिजवा दो..., मेरी हिम्मत जवाब दे गई है।''[80] लेकिन साथियों ने हिम्मत बढ़ाते हुए मुझे कहा कि–''सूरज तेरे जोश को देखकर तो हम सभी दंग होकर रह गए हैं, हममें से किसी को भी विश्वास नहीं था कि तू इतनी कठिन यात्रा भी कर लेगा..., अब अंतिम एक दिन की बात है, कम-ओन-सूरज।''[81] सभी साथियों की बात सुनकर आत्मकथाकार को जोश बढ़ जाता है।

सुरलाघाट में पहुँचते समय रास्ते में कुण्डली मारकर चार फूट का 'किंग कोबरा' बैठा था। सामने मृत्यु को फन फैलाए देखकर लेखक मैं जड़-पत्थर बन गया था और इस समय लेखक मौत से बिलकुल बच गया था।

ट्रेकिंग-प्रोगाम के अंतिम दिन भी आत्मकथाकार को बहुत भारी बुखार आता है। इस दिन भी वे मौत से बच जाते हैं। इस प्रकार सूरजपालने अपने जीवन के कई मौत के प्रसंगों से बचकर जीवन भर संघर्ष का सामना करते-करते अपना जीवन बिता रहे हैं। इस संघर्ष मय जीवन के वाद-विवाद अन्तर्विरोधों के घटाटोप से ही एक समर्थ लेखक सूरजपाल चौहान और उनकी आत्मकथा हमारे सामने आते हैं यदि सूरजपाल का जीवन संघर्ष मय न होता तो शायद यह आत्मकथा लिखने का मौका ही नहीं मिलता।

डॉ. दयाशंकर ने संतप्त की समीक्षा करते हुए लिखा है कि–''कुलमिलाकर 'संतस' का मुख्य स्वर समाज समीक्षा का ही है। आत्मकथा होते हुए भी 'संतप्त' में आत्मसमीक्षा कम, आत्म प्रदर्शन और आत्मभंडास ज्यादा है। 'संतप्सं' सूरजपाल की पिछली आत्मकथा 'तिरस्कृत' को कुछ कदमों तक बढ़ाती है। इसनें 'तिरस्कृत' की तुलना में साहस ज्यादा है, लेकिन तिरस्कृत में जो दृष्टि का पुख्तापन और संयम था, संतप्त में आकर सूरजपाल ने उसे काफी खो दिया है। अपनी दृष्टि की निर्मम समीक्षा के अभाव में यह आत्मग्रस्त दलित आत्मकथा से आगे नहीं बढ़ सकी है। यद्यपि इसमें प्रेम और सेक्स से जुड़ी कई ऐसी बातें हैं जिससे इसकी बिक्री बढ़ सकती है, रायल्टी के रूप में सूरजपाल की जेब भी कुछ गरम हो सकती हैं, लेकिन इससे पाठकों की दृष्टि में समृद्धि और विस्तार की संभावना कम है।''[82]

इन सारी बातों के बावजूद चौदह उपशीर्षकों में विन्यस्त आत्मानुभव 'संतप्त' में कुछ भी छिपाया नहीं गया है। सभी प्रसंग वेदना और पीड़ा से भरा हुआ है। चाहे अपने जीवन या छुआछूत का सभी में आत्मकथाकार संघर्ष करता है। प्रत्येक प्रसंग को खोलने का साहस है, जो अन्य कथाकारों में कम है, खासकर सवर्ण

साहित्यकारों में। सूरजपाल का विमर्श खुद अपना नहीं, किन्तु पूरे भारतीय दलित समाज का है। बचपन में दलित होने का अहसास होता है वह बड़ा होने तक जाति वादी ब्रह्मराक्षस साथ रहता है। बचपन से नौकरी तक के प्रसंगों ने जाति का जहर पीछा नहीं छोड़ता है। उसमें अपने दाम्पत्यजीवन की पीड़ा के साथ-साथ सवर्णों की ब्राह्मणवादी मानसिकता के अपमान का जहर भी है। और इस जहर से ही सूरजपाल कथाकार सूरजपाल चौहान बनते हैं। अतः 'संतप्त' जीवन की भयानक संवेदनाओं से ओत-प्रोत दलित साहित्य की विशिष्ट आत्मकथा है।

संदर्भ

1. संतप्त–की भूमिका–प्रो. काशीनाथसिंह, पृष्ठ सं. 9
2. वही, पृष्ठ सं. 9
3. दलित विमर्श : सूरजपाल की दो आत्मकथाएँ : 'तिरस्कृत' से 'संतप्त' की जद में (अप्रकाशित लेख)–प्रो. दयाशंकर त्रिपाठी, पृष्ठ सं. 1
4. 'संतप्त'–सूरजपाल चौहान, पृ. सं. 21
5. वही, पृ. सं. 22
6. वही, पृ. सं. 23
7. वही, पृ. सं. 24
8. वही, पृ. सं. 24-25
9. वही, पृ. सं. 27
10. वही, पृ. सं. 29-30
11. वही, पृ. सं. 34
12. वही, पृ. सं. 38
13. वही, पृ. सं. 39-40
14. वही, पृ. सं. 41
15. वही, पृ. सं. 43
16. वही, पृ. सं. 44
17. वही, पृ. सं. 44-45
18. वही, पृ. सं. 47
19. सूरजपाल की दो आत्मकथाएँ : 'तिरस्कृत' से 'संतप्त' की जद में (अप्रकाशित लेख)–प्रो. दयाशंकर, पृ. सं. 3
20. संतप्त-सूरजपाल चौहान, पृ. सं. 48
21. वही, पृ. सं. 49
22. वही, पृ. सं. 50
23. वही, पृ. सं. 52
24. वही, पृ. सं. 53
25. वही, पृ. सं. 55
26. वही, पृ. सं. 56

27. वही, पृ. सं. 56
28. वही, पृ. सं. 58
29. वही, पृ. सं. 58
30. वही, पृ. सं. 60
31. वही, पृ. सं. 61
32. वही, पृ. सं. 64
33. वही, पृ. सं. 65
34. वही, पृ. सं. 66
35. वही, पृ. सं. 68
36. वही, पृ. सं. 70
37. वही, पृ. सं. 74
38. वही, पृ. सं. 76
39. वही, पृ. सं. 82-83
40. वही, पृ. सं. 83
41. वही, पृ. सं. 83
42. वही, पृ. सं. 86-89
43. वही, पृ. सं. 94-95
44. वही, पृ. सं. 95
45. वही, पृ. सं. 96
46. वही, पृ. सं. 97
47. वही, पृ. सं. 98
48. वही, पृ. सं. 101
49. वही, पृ. सं. 103
50. वही, पृ. सं. 103
51. वही, पृ. सं. 104
52. वही, पृ. सं. 104
53. वही, पृ. सं. 105
54. वही, पृ. सं. 105
55. वही, पृ. सं. 106
56. वही, पृ. सं. 107
57. वही, पृ. सं. 108
58. वही, पृ. सं. 109
59. वही, पृ. सं. 111
60. वही, पृ. सं. 111
61. वही, पृ. सं. 117
62. वही, पृ. सं. 121
63. वही, पृ. सं. 120
64. वही, पृ. सं. 123
65. वही, पृ. सं. 124
66. वही, पृ. सं. 126

67. वही, पृ. सं. 126
68. वही, पृ. सं. 127
69. वही, पृ. सं. 127
70. वही, पृ. सं. 130
71. वही, पृ. सं. 131
72. वही, पृ. सं. 133
73. वही, पृ. सं. 134
74. वही, पृ. सं. 136
75. वही, पृ. सं. 138
76. वही, पृ. सं. 146
77. वही, पृ. सं. 147
78. वही, पृ. सं. 152
79. वही, पृ. सं. 153
80 वही, पृ. सं. 158
81. वही, पृ. सं. 158
82. 'तिरस्कृत' से 'संतप्त' की जद में—प्रो. दयाशंकर, पृ. 30

❑

'संतप्त' का शिल्प पक्ष

कथा नियोजन

'संतप्त' में आत्मकथाकार ने घटना और संवाद के माध्यम से कथ्य की रचना की है। भारतीय शहरों और गाँवों में दलित समाज के लोगों के साथ छुआछूत यानी कि गैर दलितों द्वारा दलितों के प्रति अमानवीय व्यवहार एवं पारिवारिक संघर्ष का चित्र 'संतप्त' में है। आत्मकथा में सूरजपाल चौहान के माध्यम से भारतीय समाज (गैर-दलित) लोगों की कटट्रता, रहन-सहन अपनों को श्रेष्ठ समझने का दंभ, परदे के पीछे का सच आदि अनेक स्थितियों का उद्घाटन किया गया है।

'संतप्त' में 'बेहद दिलचस्प लेकिन बेधक मार्मिक लेकिन कड़वा। हमारे गालों पर थप्पड़ की तरह, हमारी पीठ पर घूसों की तरह। सूरजपाल कौन है—मैं भूल गया था। सामने सुजपला था। केंद्रीय चरित्र। एक भंगी का बच्चा जो जाने कितनी कीचड़ और बदबूदार गलियों से गुजरतें हुए अंबेडकरवादी और कथाकार सूरजपाल बनता है। इन्हीं गलियों में सर्कस की रुसी मेम है, संतो ताई है, मुंशी मामा है, बुद्धसिंह है—और भी बहुत कुछ है और इनके छोटे-छोटे प्रसंग हैं। कुलीन संस्कारों और सौंदर्याभिरुचियों पर चोट करने वाले। उनकी नजर में अश्लील और भद्दे लेकिन हिंदी कथा के लिए अपूर्व और अविस्मरणीय।''[1] आत्मकथाकार ने भारतीय समाज (दलित समाज) की भीषण समस्या का चित्रण किया है।

'संतप्त' आत्मकथा का शिल्पविधान सशक्त और प्रवाहशील है, क्योंकि आत्मकथ्य विभिन्न घटनाओं के साथ चलता है।

'संतप्त' आत्मकथा के शिल्पपक्ष में दलित वर्गीय शहरी जीवन और ग्रामीण जीवन में कैद दलित की पारिवारिक समस्या तथा भारतीय दलित समाज की

समस्याओं का चित्रण किया है। इसी प्रकार आत्मकथाकारने पात्रों की विविध मानसिक परिस्थितियों का यथार्थ परक ढंग से वर्णन किया है।

कथा संरचना

'संतप्त' आत्मकथा 14 प्रकरणों या उपशीर्षकों में विभाजित एक हिंदी की अकेली, बेबाक, बेजोड़ और बोल्ड आत्मकथा है, जिसमें आत्मकथाकारने स्वयं एवं दलित समाज को केंद्र में रखकर आत्मकथा लिखी हैं। सूरजपाल चौहान ने पात्रों, समस्या, वातावरण, घटना, संवाद, भाषाशैली आदि की मदद से 'संतप्त' आत्मकथा की रचना की हैं। आत्मकथा में अनेक पहलू हैं, जो इस आत्मकथा के आसपास जुड़े हुए है। समस्या की दृष्टि से 'दलितों की पीड़ा' समस्या केंद्र में है। वातावरण की दृष्टि से दलित वर्गीय शहरीजीवन एवं ग्रामीण जीवन को लिया गया है। घटना तथा संवाद आत्मकथ्य को आगे बढ़ाने में रोचक बनाने में मददगार हैं। भाषा भी पात्रानुकूल है।

चौदह शीर्षकों में–माँ और मैं, रुखें-सुखे निवालों के बीच, पिता को सच बताने पर, बुद्धसिंह के घर में, दलित पीड़ा के दंश, यह गाँव है, तस्वीर का दूसरा रुख, अंग्रेजु कौ बाप बन गयौ है, एक बार फिर, मुलाकात एक आधुनिक जुलाहे से, पिताजी नहीं रहे, धर्मो मर गई, कुछ इधर-उधर की और मौत से सामना।

कथा संरचना आत्मकथाकार सूरजपाल चौहान की जिंदगी से जुड़ी हुई है। और छुआछूत की समस्या से इस सुक्ष्म आत्मकथ्य के द्वारा लेखक ने समाज के लोगों की आँखे खोल दी हैं। समाज की खोखली समस्या छुआछूत को उजागर किया है जो आज के खोखले समाज में अभिशाप बन गई है।

पात्र-सृष्टिकला

व्यापक कथानियोजन और उसके निर्वाह के लिए सूरजपाल चौहान को दोनों पक्षों में अनेक स्त्री-पुरुष पात्रों को अपने साथ रखा है। आत्मकथा के केंद्र में स्वयं आत्मकथाकार सूरजपाल चौहान ही है और उसके साथ घटित विभिन्न घटनाओं का चित्रण करने के लिए आत्मकथा में अनेक पात्रों का भी चित्रण करना पड़ा है। उसमें आत्मकथाकार की माँ, पिता रोहनलाल, भाई सुनहरी और रगबर, आत्मकथाकार की पत्नी विमला, पुत्र भानु, पुत्री-मधुर, ठाकुर जयसिंह, ठाकुर प्रताप, सरुपसिंह नाना, संतो ताई, रुसी मेम, बिल्लू, नाना का लड़का मुंशी, सफाई कर्मचारी बुद्धसिंह, इतवारी लाल, ओ.पी. शर्मा और इसकी पत्नी श्रीमती शर्मा, कबीरपंथी

खराम, श्रीमती जतन प्रकाश, उपप्रबंधक के.सी. मल्होत्रा, छज्जूसिंह, ईश्वरी दत्र र्ग, फकीरचंद, ए.के. बहल, वी.एस. राजन, बी.सी. उपरेती, पी.एस. भटनागर, हनलाल, सुश्री शशी, दर्शनलाल, चपरासी कृष्णसिंह, मार्केटिंग मैनेजर–डी.डी. वन, श्रीमती रमा शर्मा, व्यापारी भरत, रतनसिंह, चपरासी-गंगाशरण शर्मा, विपणन बंधक–आर.के. अहलूवालिया, अशोक सावधानी, एम.एस.जैड अब्बासी, के.के. द्रान, के.के. महेता, बी.एल. अरोडा, स्टाफ-कार-ड्राईवर जे.जे.झाला, लालसा राम, ु दादाजी, सुरेश तनवेर, राजेश, राकेश, कुंवरसिंह लोधे, फुसावली की महिला र उनकी बच्ची, गेंदालाल, रामकली चाची, ठाकुर मंगलसिंह और साहित्यकारों –राजेंद्र यादव, रमणिका गुप्ता, मोहनदास नैमिशराय, ओम प्रकाश वाल्मीकि, तेजसिंह, अरुण कुमार गौतम, अजय नावरिया, ईशकुमार गंगनिया, महैन्द्र ोवाल, शिवनाथ शीलबोधि, डॉ. हेमलत्ता माहेश्वरी, डॉ. विमल थोरात, श्रीमती ा जैन, डॉ. जयप्रकाश कर्दम, रुपसिंह चंदेल, कर्मशील भारती, जयप्रकाश नवान, डॉ, श्यौराजसिंह बेचैन, राधेश्याम, श्री टी. प्रसाद श्री धर्मपाल गुप्त, भजी', डॉ. कुसुम वियोगी, डॉ. राजपाल सिंह, पुरुषोतम सत्यप्रेमी, राजाराम जाद, हीरालाल सुमन, सूरज बड़त्या, डॉ. एम.पी. अहिरवार, संजय सोनकर, तुलसी राम, विजय, मौसी की बड़ी बेटी-रुमाली और छोटी-सोनतारा तथा ली शीला, भूपसिंह चाचा, बहनोई विजय, भाभी फूलवती, पड़ोशी-प्रेमशंकर और की पत्नी कान्ताकैन, इंदु, एच.एस. चंद्रा साहब, पूनम, के.पी.सिंह, साली-कमला, ा, अजय, बाबूलाल, डॉ. बजरंग बिहारी तिवारी, रजनी तिलक, डॉ. राकेश री, डॉ. सुनीता साखरे, महिला आयोग की कॉउसलर सुश्री प्रिया नरुला, डॉ. ीर, आर.सी. शर्मा, बहन-बहनोई अशोक और रामवती, कमलकांत, चंद्रभान द, एच.एल. दुसाध, डॉ. शत्रुध्न कुमार, डॉ. जुगल किशोर, डॉ. श्याम निर्मम, चाची, चौधरी हुक्मसिंह और उसकी लड़की धर्मो, महीपाल (एम.पी.सिंह), अंगनेलाल, डॉ. कुसुम चतुर्वेदी, डॉ. मुक्ता, पन्नालाल, टेकचंद मेहताब, शिवनाथ बौधि, सुश्री लोरा, अनील कुमार, प्रो. इंतजार नईम, डॉ. शिवमंगल सिंह व', पेट्रोल पंप डालने वाला लड़का चौहान, श्याम गुप्ता, प्रिंसिपाल के.एल. , पं. विजय शंकर, बृजपाल भारती, प्रो. नामवर सिंह, डॉ. तुलसीराम, आई. ोलानी, एस.पी. भल्ला, सुश्री कृष्णा, श्रीमती मंजूदीवान, बलराज, वीरसिंह र अमरजीत सिंह, बाबूराम तिवारी और वेदप्रकाश, श्री.बी.एम. औहरी साहब, लैंबर्ड, रामभज साहब, मामा कालू मौजीराम, गंगासहाय, रमेश, चेतराम, लाल धोबी का अशोक, इंदर, काके, नन्नु, रामलाल चौकीदार, रमेश छंगा,

बलवीर, बालकिशन, आर.सी.कौशल्य, श्रीमती अजीत कौर, बलवीर माधोपुरी, मामा मलखान, बाबा बौद्धप्रकाश, आर.सी.शर्मा, सुरेश किशोर, गिरीश जोशी, सुनील शर्मा, जीवनसिंह भोज, कुलदीप सिंह, नरेशकुमार शर्मा आदि पात्रों आत्मकथा मे आत्मकथाकार के साथ कहीं न कही जगह पर जुड़े हैं। उन्होंने ही आत्मकथा की संरचना में जुड़कर लेखक की रचनात्मक उद्देश्य की पूर्ति के लिए अंत तक सामिल है।

कथा नियोजन और पात्र सृष्टि दोनों ने सूरजपाल चौहान ने 'संतप्त' के रचनात्मक उद्देश्य को अपने सामने रखा है। घटना स्थल पर किस पात्र को उपस्थित रखा है और किस पात्र को हटा देना है यह उन्होंने उसके रचनात्मक उद्देश्य के अनुरूप किया है। आत्मकथा में कई पात्र नामोल्लेखनीय है और कई पात्र आत्मकथाकार के साथ अंत तक लगे हुए नजर आते हैं। जयप्रकाश और विमल का प्रसंग लेखक को अंत तक परेशानी में डालता रहता है। 'माँ और मैं' में ठाकु जयसिंह के साथ हुई घटना आत्मकथाकार की आँखें खोंल देते हैं। इस घटन से ही लेखक को जातियता का भान होता है। भंगी समाज की दयनीय स्थि जो कि सूरजपाल चौहान के साथ अकेली नहीं है। पूरे भारतवर्ष के सभी दलि समाज आज भी उसके शिकार बन रहे हैं।

आत्मकथा में पारिवारिक संबंधों में भाई सुनहरी और रगबर के बी असंज्यस्य से कारण पिता की धरोहर का विभाजन में भी न्याय-अन्याय होता है

आत्मकथाकारने सवर्ण समाज में डी.डी. धवन और श्रीमती रमा शर्मा पात्र के द्वारा सवर्ण समाज के दंभ और परदे के पीछे की खोखली हरकतों भी पर्दाफाश किया है। श्रीमती रमा शर्मा जैसी ब्राह्मणवादी दंभ से जीने वा स्त्री वास्तव में बाहरी होटलों में लोही का व्यापार करती है और शराब भी पी हैं। संतो ताई और रुसी मेम जैसे पात्रों के द्वारा सवर्ण समाज की स्त्रीओं पोल खोल दी है।

आत्मकथाकार के गाँव फुसावली में डॉ. अंबेडकर भवन निर्माण में प्रभुचा के पात्र के द्वारा भंगी और चमार दोनों दलित जातियों के बीच ऊँच-नीच भेद को बता कर सूरजपालने दलित-समाज की जातिगत ऊँच-नीचता को प्रदर्शित कर दिया है। इसके साथ-साथ दलित समाज के साहित्यकारों का बाहरी दिखावट का पोल खोल दिया है।

आत्मकथाकारने अनेक पात्रों के द्वारा अपनी आत्मकथा को संहारा है अ स्वयं तथा सबकी पोल खोलकर 'संतप्त' को आत्मकथा का सच्चा रूप दिया

आत्मकथा को एक सूत्रता में बांधने में आत्मकथाकार की दृष्टि सचेष्ट रही हैं। कथ्य में विभिन्न पहलुओं में क्रमबद्धता है। आत्मकथाकार एक तरफ अपनी पत्नी विमला और जय से संघर्ष करता है, तो दूसरी तरफ अपनी पत्नी वेमला और जय के प्रति सहानुभूतिशील दृष्टि भी रखते है क्योंकि इतना होने के बावजूद भी वे विमला को स्वीकारने के लिए भी तैयार थे।

इस प्रकार आज भी भारतीय समाज में छुआछूत की समस्या देखी जाती । आत्मकथाकारने खूद अपने अनुभवों और स्वयं को केंद्र में रखकर जिंदगी ा खुलकर चित्रण किया है।

ंवाद कला

ंतप्त' के संवादों में विविधता है। कहीं संवाद व्यंगात्मक है तो कीं मार्मिक। ात्मकथा में संवाद एक ओर पात्रों की मनःस्थिति को सामने लाते हैं।

. आत्मकथाकार और माँ के बीच संवाद

क रोज हमेशा की तरह हम दोनों माँ-बेटा पौ फटने से पहले गाँव के मोहल्ले झाड़ू लगाने निकले थे। मार्ग में चलते-चलते आत्मकथाकारने अपनी माँ से क सवाल पूछा—"जीजी, हम झाड़ू लगाने क्यों जाते हैं?"

माँ ने मेरे सिर पर हाथ फेरते हुए सीधे-सीधे कहा—'लल्ला, हम भंगी हैं, ारी कोम का यही काम है।"[2]

इस संवाद से मार्मिकता स्पष्ट होती हैं।

ठाकुर का संवाद

ाकुर जयसिंह की माँ के प्रति गंदी हरकतों में ठाकुर प्रताप ने बाल झिंझोड़ते कहा—

"साली भंगनिया, झूठा आरोप लगाते लाज नहीं आती, ठाकुर होकर भला ान से मुँह काला करेगा...तुझे तो छूने भर से ही छूत लग जाएगी, खैर चाहती ो चली जा यहाँ से।"

ठाकुर बन्नीसिंह—ससुरी जे भंगन होती ही ऐसी हैं, एक-एक रोटी के लिए ाने क्या-क्या कराती फिरती हैं।"[3]

3. संतो ताई का संवाद

सभी महिलाएँ रात के अपने पति के साथ बिताए अंतरंग क्षणों को चटखारे ले-लेक सुना रही थी कि तभी संतों ने कहा था–

"मर्द तो बस उसी समय अच्छा लगे है.... ठण्डा होते ही हरामी के सी पर लात मारकर दूर करने को जी करे।"[4]

4. पिता रोहनलाल का संवाद

जब आत्मकथाकार ने 15 नवंबर 1998 के दिन जय के विवाह के उपलक्ष्य 'रिसेप्शन' का कार्यक्रम रखा था। तब भोजन की व्यवस्था थी। इसमें एक 8 वर्ष का छोटा सा बालक रोटी उठाता नजर आता है तब सूरजपाल उसे पं में भोजन खिलाता है। यह देखकर पिता ने कहा था कि–

"बेटा सूरजपाल, तू बड़ा दयालु है, इतना नरम दिल तूने कहाँ से पा है..., बेटा, तू जीवन में कभी भी भूखा नंगा नहीं रहेगा।"[5]

5. मुंशी मामा और सूरजपाल के बीच संवाद

मुंशी मामा	–	सूजपला, स्कूल मत जा, मैं तोय आज गोश्त में र खिलाऊँगा।"
सूरजपाल	–	"...पर मीट तो तुम्हारे घर के सभी लोगों ने रात को सारा खा लिया था।"
मुंशी मामा	–	"अरे नायँ, अम्मा तेरे सामने झूठ बोल रही थी..., अ आधी देगची से भी ज्यादा बचो रखौ है।"
सूरजपाल	–	"मामा, ओ मुंशी मामा।"
मुंशी मामा	–	"हाँ-हाँ, आ-जा, चलौ आ घर में।..." "लल्ला, मैं तोय कटोरा भरकर मीट खाने को दूँगा, तू एक काम कर दे।"...
सूरजपाल	–	"पहले एक रोटी पर माँस की दो बोटियाँ खाने को दे मैं तेरा काम करूँगा...।"[6]

6. उप प्रबंधक के.सी. मल्होत्रा और सूरजपाल के बीच संवाद

के. सी मल्होत्रा	–	"अबे ओये, अबे ओये, जरा सुन।"... "अबे मैं तुझी से बोल रहा हूँ सुनाई नहीं पड़ता क

सूरजपाल	–	"सर, क्या आप मुझे बुला रहे हैं?"
के.सी. मल्होत्रा	–	"हाँ, हाँ लाट साहब, मैं तुझे ही बुला रहा हूँ।"...
सूरजपाल	–	"सर, मेरा नाम 'अबे ओये' नहीं सूरजपाल है।"
के.सी.मल्होत्रा	–	"क्या कर लेगा तू, औकाद में रहा कर..., तुझे पता नहीं मैं पाकिस्तानी हूँ बड़ों-बड़ों को ठीक किया मैं ने।"
सूरजपाल	–	ओये तू पाकिस्तानी है तो मैं कोटे (आरक्षण) वाला भारतवासी हूँ..., अब बोल तेरे साथ क्या किया जाए?"
के.सी. मल्होत्रा	–	"मारेगा, ले मार।"
सूरजपाल	–	"..., आगे से किसी शिड्यूल्ड-कास्ट वाले को जाति को लेकर उल्टा-सीधा कहा तो घर तक नहीं छोड़ूँगा।"[7]

7. श्रीमती रमा शर्मा और सूरजपाल के बीच संवाद

सूरजपाल	–	"मैम क्या हुआ, मुझसे कोई भूल हो गई है?"
श्रीमती रमा शर्मा	–	"सूरज, तुमने मुझे अपने भंगी होने की बात पहले क्यों नहीं बताई..., मैं भंगी-चमारों से बातें नहीं करती..., ये सभी गंदे होते हैं।"
सूरजपाल	–	"मैम, अभी कुछ दिनों पहले तक तो मैं दूसरे साथियों की तरह आपको अच्छा लगता था और अब यह जानकर कि मैं एस.सी. हूँ तो गंदा लगने लगा?"
श्रीमती शर्मा	–	"देखो सूरज, मैं छोटी जाति के लोगों के मुँह नहीं लगना चाहती, मेरे घर-परिवार व सभी साथी यही कहते हैं कि जितने भी 'शिड्यूल्ड-कास्ट' होते हैं, वह गंदे होते हैं।"

× × ×

सूरजपाल	–	"अरे मैडम आप।"...
श्रीमती शर्मा	–	"सूरज जी, यह बात किसी को कभी मत कहना, जब आपका मन करे, मुझे कहें...मैं दौड़ी, चली आऊँगी।"[8]

8. फुसावली की अग्रवाल महिला और सूरजपाल के बीच संवाद

सूरजपाल	–	"फुसावली तुम्हारी ससुराल है या मायका?"
महिला	–	"मायका है, भइया से मिलवे गाम जा रही हूँ।"
सूरजपाल	–	"अच्छा, फिर तो तुम गाँव-रिश्ते से मेरी बहन या बुला लगीं..., मैं भी फुसावली का हूँ।"

महिला – "हाँ भइया हाँ, मैं तेरी बहन-बुआ ही लगी।"

सूरजपाल – "बुआ, ससुराल कहाँ है?"

महिला – "अलीगढ़...।"...

"गुप्ता या अग्रवाल हो! मैं भी अग्रवाल हूँ।"...

सूरजपाल – "मैं न अग्रवाल हूँ और न गुप्ता, मैं...।"...

महिला – "...तो लोधे राजपूतों में से होंगे।"

सूरजपाल – "नहीं, मैं लोधा राजपूत भी नहीं हूँ, मैं भंगी बस्ती का हूँ।"[9]

9. डॉ. श्यौराज 'बेचैन' और सूरजपाल चौहान के बीच संवाद

डॉ. श्यौराज 'बेचैन' – "चौहान, मैंने तुम्हारी 'तिरस्कृत' पर अपनी डी-लिट् की पुस्तक के लिए तेरह पृष्ठ लिखे हैं।"...

सूरजपाल – "आपने अन्य दलित साहित्यकारों की पुस्तकों के साथ तो उस समय आत्मकथा की चर्चा नहीं की..., अपनी डी. लिट् की पुस्तक में करने से क्या फायदा, उसे कितने लोग पढ़ेंगे?"[10]

10. मास्टर विजय और सूरजपाल के बीच संवाद

सूरजपाल – 'हैलो।'

मास्टर विजय – "हैलो, मैं मास्टर विजय बोल रहा हूँ।"

सूरजपाल – "हाँ विजय, कैसे हो, सुबह-सुबह कैसे याद किया?"

मास्टर विजय – "आपकी मौसी चल बसी...।"[11]

11. डॉ. धर्मवीर और सूरजपाल चौहान के बीच संवाद

डॉ. धर्मवीर – "अजय को कब से जानते हो?"

सूरजपाल – "अभी हाल ही में परिचय हुआ है।"

डॉ. धर्मवीर – "प्रतिभा-भान लड़का है, क्या लिखता भी है?"...

× × ×

डॉ. धर्मवीर – "चौहानजी, दलित समाज को बहुत अधिक नहीं, बस्स अजय नावरिया जैसे पाँच-दस व्यक्तियों की जरुरत है, ऐसे ही युवा समय का रुख बदलकर रख देगे।"[12]

12. धर्मो और सूरजपाल चौहान के बीच संवाद :-

धर्मो — "ऐ निर्बुद्धि, जरा सुन।"
सूरजपाल — "हाँ बोल, क्या बात है?"
धर्मो — "मैं तुझसे प्यार करती हूँ।"
सूरजपाल — "पागल है क्या, लड़की होकर ऐसी बात करती है, शर्म नहीं आती।"
धर्मो — "रख ले।"
सूरजपाल — "धर्मो, ये अपने कंघी और रुमाल वापस ले ले।"
धर्मो — "क्यों?"
सूरजपाल — "तुझे देने के लिए मेरे पास कुछ नहीं है।"
धर्मो — "तो क्या हुआ, तू मुझे रोज स्कूल से... यह काम कम है, तू मुझसे रोज मिलाकर, मुझे अच्छा लगता है।"
सूरजपाल — "पागली है क्या, कोई देख लेगा।"[13]

13. पेट्रोल डालनेवाला लड़का और सूरजपाल चौहान के बीच संवाद

लड़का — "बाबूजी, आप बिरादरी चौहान है या गोत्र-चौहान?"
सूरजपाल — "क्यों तुम्हे इससे क्या?"
लड़का — "मैं बिरादरी चौहान हूँ।"...
सूरजपाल — "यार मैं भँगी हूँ...।"
लड़का — "छोड़िए सर, आप भंगी हो ही नहीं सकते, मैं आपको रोज आते-जाते देखता हूँ...।"
सूरजपाल — "मैं सच कह रहा हूँ-भंगी चौहान हूँ, तुम्हारी बिरादरी का नहीं हूँ।"
लड़का — "कोई बात नहीं...।"
सूरजपाल — "यार, मेरी गाड़ी में पेट्रोल डालना तो बंद नहीं करोगे, यह जानकर कि मैं भंगी हूँ।"[14]

भाषा

'संतप्त' सूरजपाल चौहान द्वारा लिखित आधुनिक मध्यवर्गी बुद्धिजीवी दलित परिवार के टूटते हुए दाम्पत्य जीवन और भारतीय समाज की निर्लज्य वर्णव्यवस्था के परिणाम स्वरुप उत्पन्न हुआ छूत के भेद भाव से उत्पन्न आत्मानुभूति का

एक आत्मकथ्य है। जो एक यथार्थ वादी रचना है, इसमें कोई भी चीज को छिपाया नहीं गया है। इस आत्मकथा में ग्रामीण एवं शहरी (नगरीय) भाषा का सफल प्रयोग किया है। आत्मकथाकार स्वयं बहुत पढ़े-लिखे और आत्मकथा के विविधि प्रसंगों से जूड़े हुए पात्र विशेषकर के पढ़े-लिखे होने के नाते भाषा में हिंदी के साथ अंग्रेजी शब्दों का भी प्रयोग करते हैं। आत्मकथा के साथ जूड़े हुए पात्र अपनी-अपनी चिन्ताओं में ग्रस्त हैं। दिल्ली जैसे महानगर में बसने के कारण आत्मकथाकार की भाषा शुद्ध एवं सरल है। आत्मकथा में कई पात्र आंचलिक बोली का ही प्रयोग करते दिखाई देते हैं–

''लल्ला, तोय पतौ नायें, तू तो दिल्ली में रहतुए, गाम के जे चमार अंबेड़कर जयंती के मौके पर हमें बाबा साहेब की मूर्ति पर फूलऊ नायं चढ़ान देत..., अंबेड़कर सदन बन जाने पर ये वामें हमें अंदरऊ नार्यं जान दिंगे।''[15]

आत्मकथा में कई- कई जगह पर आँचलिक बोलीं में भी गालियों का प्रयोग किया गया है। ठाकुर जयसिंह के संवाद में- ''भैंचों भंगिया के, तेरी पड़िया को जूठौ पानी मेरे बद्‌द् पिएंगे... ठहर मैं अभई आयौ।''[16]

× × ×

''अबे ओये लौंडे, यह कपड़ा उठाकर दियो।''[17]

''अरे हरामजादी, तूने ऐसा ही करना था तो फिर मेरी बेटी की शादी इससे क्यों की?''[18]

आत्मकथाकार जब किसी का सृजन करता है, तब उसका महत्वपूर्ण हथियार भाषा होती है। जिसके कारण आम-आदमी को भी उसमें समेट लेता है।

आत्मकथा की भाषा अर्थ गांभीर्य और सम्प्रेषणीय है और पाठकों के मन पर गहरा प्रभाव डालती है।

इस प्रकार आत्मकथाकार की भाषा-शैलीं परिस्थितिपरक, संप्रेषणीय, विचारोत्तेजक होने के साथ इंसानियत का पाठ पढ़ाती हैं।

अंग्रेजी शब्द

'संतप्त' में आत्मकथाकारने 250-से भी ज्यादा अंग्रेजी शब्दों का प्रयोग किया है। उससे ही स्पष्ट होता है कि आत्मकथाकार पर हिंदी भाषा के साथ-साथ अंग्रेजी भाषा का भी प्रभाव रहा है।

नेशनल, स्टेडियम, पोर्नो लिटरेचर, ब्लाउज, स्कूल, टीचर, मार्किट, क्लास,

ब्रेक-फास्ट, एकोर्डियन, ब्रैड़ रिसेप्शन, टेबल, प्लेटों, सेक्टर, पेपर, रैपर, टोस्ट, गाउन, इण्डिया गेट, पार्क, मीट, इण्डियन एक्सप्रेस, बिडिंल्ग, ऑफिस-मैनेजर, टाई-सूट, ऑफिसर, हाउस, हायर सैकेण्डरी, फुटबोल, ब्लैडर, होम-वर्क, माचिल, सिगरेट पैकेट, मेडिकल, कॉलिज, स्टाफ, क्वार्टर, सेबलेट,लैबरिटरी अटैण्डेट, टाइंस ऑफ इण्डिया, ग्रेजुएट, रिपोर्ट, कॉलोनी, अलाट, आइसक्रीम, रेस्टोरेंट, टब, फीस, डिनर, सर, सेबोंरडनैट, टेलीफोन, कैबिन, अवर, लंच, कैंटीन, शिडयूल्डकास्ट, ब्रांच, इंचार्ज, मार्केटिंग, फैशन, एस.सी, स्टेनो, रिटन-टैस्ट, इंपीरियल, कार, वेस्ट, ड्राइव, बिजनैस, गेस्ट हाउस, डोर-बेल, सेण्ट्रल, ट्रिपल-फाइव, मैडम, मिसेज, रिटायर, बॉलैन्टरि रिटायर मेंट, क्लर्क, डोरमिटोरी, रिलीव, स्टेशन, टी.वी, फ्रिज, टेलब-फेन, फर्नीचर, ड्यूटी, स्टाफ-कार-ड्राइवर, एफ.आई.आर, बूथ, लाइन, कॉल, एम.पी. क्लब, चैक, बाक्स कॉलम, टुडे, बी.एच.यू, कुरियर, सैकिंड ए.सी. ट्रेन, हैलो, एक्सीडेण्ट, डॉक्टर, लेट्रिन, ब्लौक, ऑयशर ट्रेक्टर, यूनिवर्सिटी, ग्रेजुयेशन, सुसाइड, एडवोकेट, चैंबर, एफीडेविट, प्रेस, इण्डियन एयर लाइंस, फौरन, एफ.डी.रिंग-सेरिमनि, लॉन, ब्लेकमेन, फाइनल, शिफ्ट, प्रोविडेंट फण्ड, असिस्टेंट कमिश्नर, पोस्टिंग, आइ.ए.एस., इंस्टीट्यूट, अण्डर, ट्रासफर, थ्री-व्हीलर, सर्वेट, इर्विर, पीडोफीलिया, लिफ्ट, न्यू ग्रीन, फील्ड, पब्लिक, बीकॉम, फाइनल ईयर, ड्रामा, डैडी, क्राइम ब्रांच, डोरबेल, सैकेट्री लेबल, डिस्क-प्रोब्लम, एलर्जी, डिकंसट्रक्ट, इण्डर डिसीपलेनरी, डेस्टिनेशन, जे.एन.यू., पी. एच.डी. नैटिव प्लेस, रोड इण्डियन सोशल इन्स्टीट्यूट, डिसटर्ब्र, फोर्थ क्लास, एल. आई.जी., ब्लड-बैंक, होस्पिटल, लंच, टू-व्हीलर, डैड हाउस, रेस्टोरेंट, अंकल, आई. टी.ओ., एस.टी. एसोसिएशन, अस्टिस्टेंट, जनरल, रिकार्डिग, डायरेक्टर, रिकार्ड, स्टूडियों, सर्विश, क्रेडिट-कार्ड, प्रिंसिपल कंयुनिटी हाल, स्टार्ट, ओटोग्राफ, नोट-बुक, पोस्टिंग, न्यूजप्रिंट डिवीजन, डिप्टी, हार्ट-सर्जरी, कैंटीन, रिफ्यूजियों,ब्लड-प्रेशर, सेक्शन, सेक्रटरी, फाइन आर्ट्स एण्ड लिटरेचर, एरिया, ओबरोय-होटल, ब्रेक, ट्रेकिंग-टीम, यूथ होस्टल, इण्टीरियल, प्रोग्राम, बैस-कैंप, ट्रेकर्स, रिपोर्टिंग, व्यू-पाइण्ट, ग्रुप-लीडर, लैण्ड औफ किंग कोबरा, कैम्प, एवार्ड, बेस्ट ट्रेकर इत्यादि।

मुहावरे

आत्मकथा में भाषा को सरल एवं जीवंत बनाने के लिए सूरजपाल चौहान ने मुहावरों का भी प्रयोग किया है जैसे–

नंग-धड़ंग रहना। 21. तिल मिलाना। 21,24,26. बिलबिलाती रहना। 21. मनुहार करना। 21. चील-बिलैया करना। 22. तार-तार हो जाना। 22. बटाई पर

लेना। 22. पाल-पोसकर भैंस बनाना। 22. रुपये थमाना। 22. हाथ बटाना। 22. फट्टी पे घोटा लगाना। 22. बात पर जोर देना। 22. पनाह थामना। 22. पगाह छुड़ाना। 22. पुचकारता रहना। 23. तन-बदन मे आग लगाना। 23. दांत पीसना। 23. आग-बबूला होना। 23. ठौर मार मारना। 23. भिनभिनाना। 23. फफक-कफक्कर रोना। 23. हाथो में कीड़े पड़ना। 23.दहशत बैठ जाना। 23. सड़कर मरना। 23. आना-कानी करना। 23. लाले पड़ना। 23,29. पौ फटना। 24. मिट्टी से अट जाना। 24. ताके रहना। 24. आंखें गड़ा कर ताकना। 24. सहम जाना। 24, 32. झिड़कीखाना। 24, 34. भेडिऐं के पंजों में फसना। 24. दहल जाना। 24. जिक्र करना। 25. आरोप लगाना। 24. मुंह काला करना। 25. छूत लग जाना। 25. भृकुटि तानना। 25. मुंह बिचकाना। 25. डपट रहना। 25. खूंन का घूंट पीना। 25. बाल-बिद्ध पर जोर डालना। 25. बटाई पर देना। 25. रुआंसी हो उठना। 25. मट मैला हो जाना। 26. टहल करना। 26. नजरों के सामने घूमना। 26. आपा-धापी करना। 26. रगड़-रगड़ कर धोना। 26. बिलख-बिलखकर रोना। 26. रिहियाता हुआ बोलना। 27,34. हाथ से निकल जाना। 27. मकोड़े से ज्यादा नहीं देखना। 27. जरुरत की डोर से बंधना 27 सिर झुकाना। 27 एहसास कराना। 27. विचित्र दुविधा में होना। 27. होस आजाना। 27. सिर पर हाथ फेरना। 27. पाखाना मिलना। 8. तरस खाना। 29. अभावों में बीतना। 29. गुजर जाना। 29. हट्टी-कट्टी होना। 29. आ धमकना। 29. स्नेह प्रकट करना। 29. सीने से चिपका लेना। 29. गोद में भर लेना। 30. दुलार रहना। 30,3. मुंह अलग करना। 30. अनसूनी करना। 30. कसमसा उठा। 30. दम निकलना। 30. अजीब-अजीब की बातें करना। 30. चटखाने लेकर सुनना। 30. ठहाका लगाना। 30, 31. मगन रहना। 31. चुप्पी साधकर रहना। 31. बात नहीं बन पाना। 31. मेलमिलाप बढ़ना। 31. अंतरंग क्षणों में होना। 31. तरस खाना। 31,32. कंपकंपी छूटना। 31. धूंधलका हो जाना। 32. उलटे पैर वापस होना। 32. नसीब हो पाना। 33. करतब दिखाना। 33. आपा-धापी करना। 33. लाल-लाल आंखे दिखाना। 35. दूर दुराना। 35. नंगे पैरों होना। 35. दबे कदम से चलना। 35. नरम दिल का होना। 34. मोर्चा संभाल लेना। 35. रुआंसा सोचना। 35, 40. भटक जाना। 34. चकाचौंध देखना। 35. तेज कदम से चलना। 36. कन्नी काटकर निकल जाना। 36. हिम्मत न जुटाना। 36. डांट फटकार मिलना। 37. भड़क उठना। 37. नीची गर्दन लटकाना। 37. उलटे पैर हो जाना। 39. मुंह में पानी आना। 39. एकटक देखना। 39. हस्त मैथुन करवाना। 140. धिन आ जाना। 40. कांप उठना। 40. उथल-पुथल

मचना। 40. पोल खोलना। 40. सीने से लगाना। 40. हतप्रभ रहना। 41. तरस आना। 41. दया पर रहना। 41. आंसू पोंछना। 41. भर्राए गले से बताना। 41. ओछापन याद दिलाना। 41. गले को खंखारना। 41. फूट-फूटकर रोना। 41. शिकायत करना। 42. रति-क्रिया करना। 43. आवाज लगाना। 43. सकपकाकर रह जाना। 43. खिल खिलाकर हंसना। 43. डपटते हुए कहना। 43. सील कर देना। 44. अनुमति देना। 44. साझे में देना। 44. मेल-जोल बढ़ना। 44. बातें बनाना। 44. हाव-भाव भांपना। 44. एक रौ में बोलना। 45. सहमकर रह जाना। 45. हादसा हो जाना। 45. जि करना। 45. लाड़ जताना। 46. सबक सिखाना। 47. चुन-चुनकर खाना। 47. नाक-भौंह सिकुड़ना। 48. गांठ बांध लेना। 49. सुटटा लगाना। 49. तू तड़ाक करना। 50. आंखे दिखाना। 50. बड़ों-बड़ों को ठीक करना। 50. तेज स्वर में बोलनाध। 51. गर्दन मटकाना। 51. पानी भरना। 51. मुंह न लगना। 51. चीखते हुए बोलना। 51. माथे पर सलवटें डालना। 51. ठहाका लगाकर हंसना। 51. तन-बदन में आग लगना। 51. मन मसोस करना। 51. अवकाश पर रहना। 51. आरती उतारना। 52. पंगा लेना। 52. ललकारना। 52. हड़बड़ाकर उठना। 52. थर-थर कांपना। 52. मुख से फूल झरना। 53. पाला पड़ना। 53. तरोताजा नजर आना। 53 कोसों दूर रहना। 53. त्यौरियां चढ़ाकर बाते करना। 53. मुंह बिचकाना। 53. बात उड़ना। 54. उल्आ सीधा कहना। 54. दया-द्दष्टि रखना। 54. तमतमा उठना। 54. मेहरबान होना। 54. हिदायत देना। 55. चुप्पी साधना। 55. अकबकाकर रह जाना। 55. दम घुटना। 55. आंखे फटी रहना। 56. सकपका जाना। 56. जड़ों पानी पड़ना। 56-62. वचेहरा फक्क पड़ जाना। 56. गुस्से से घूरना। 56. मन खिन्न हो जाना। 56. उचट गया। 57. धूल-धूसरित हो जाना। 57. पाठ पीछे ना भौंह सिकोड़ना। 57. बाते बनाना। 57. पंडत फट जाना। 57. तबादला होना। 58. रिलीव होना। 58. लम्बी सांसे लेना। 59. नाक फूलकार बोलना। 59. हल्ला मचाना। 59. गिरेबान में झांक कर देखना। 59. रात-दिन एक करना। 60. ठन जाना। 60. तर्क में दम होना। 60. चेतना जाग्रत करना। 61. तुनक जाना। 61. संवेदना प्रकट करना। 61.त्याग देना। 61. बातें बनाना 61 तेरहवीं पढ़वाना। 62. उल्लू सीधा करना। 62. रोटियां सेंकना। 62. हिचकोले पर हिचकोले खाना। 63. नजरों के सामने गुजरना। 64. आवाक् रह जाना। 64. सांप सूंघ जाना। 64. दम घुटा जाना। 64.गर्दन लटकाना। 65. गर्दन झुकाना। 65. नजर-अन्दाज करना। 65. मन खिन्न होना। 66. बहस करना। 66. जहर उगलना। 66. उपेक्षा करना। 67. अकड़ भरी पड़ना। 67. एहसान

जताना। 67. स्थान हीं बनाना। 67,68. अड्डा जमा लेना। 68. उपहास करना। 68. ठकुर-सुहाती करना। 68. ऊंची-ऊंची बातें करना। 68. भंवें तन जाना। 69. नाम-भौंह सिकुडना। 69. गुट बनाना। 69. तितर -बितर होना। 69. रणनीति तैयार करना। 69. झूंझलाकर कहेना। 69. हीरो बनना। 70. शरण पाने आना। 70. गुमराह करना। 70. उल्लू सीधा करना। 70. भवें तन जाना। 70. बे-दाग बच जाना 70. एक सिरे से नकारना। 71. पूर्वाग्रह से ग्रसित होना। 71. आलोचना करना। 71. आपस में गुटबाजी करना। 71. वैमनस्य नहीं होना। 72. पैंतरा बदलना। 74. आई-गई हो गई। 73. लीपा-पोती करना। 74. मुंह खोलना। 74. कोसना जारी रखना। 74. छीछालेदर करना। 74. मौन साधना। 74. कंधे-से-कंधा मिलाना। 75. अलख जगाना। 75. दृश्य बदल जाना। 76. सन्न होना। 76. हुडदंग काट डझलना। 76. जिद पर अड़े रहना। 76. ताना मारना 77. गहरे तक जानना। 79. मौके की नजाकत समझना। 78. फूटी आंख नहीं सुहाना। 78. खेद प्रकट करना। 79. ठसक से बोलना। 79. भर-भराकर ठह जाना। 79. फोकट में जाना। 79. गायब रहना। 79. शान के खिलाफ बात हो जाना। 80. मोह-भंग की स्थिति पैदा करना। 80. चल बसना। 81. अंतिम सांस लेना। 81. स्तब्ध होकर रह जाना। 81. माहौल खराब करना। 81. एक सूत्र में बंधना। 81. शक की नजरों में देखना। 81. सीधे मुंह बात न करना। 81. बहला-फुसलाना। 82. पंच-तत्व में विलीहन होना। 82. मूंह बिचकाना। 82. भारी मन लेना। 82. कपाल-क्रिया करना। 82. आंखे मिचमिचाना। 82. भद्दीगाली देना। 82. दुआ देना। 83. आत्मा को शांति मिलना। 63. जिद पर अड़ा रहना। 63. गच्चा खा जाना। 85. तेज कदमों से चलना। 85. सराबोर हो जाना। 65. बेहुदा हरकत करना। 65. हतप्रभ होकर रह जाना। 86. ढूंढ-ढूंढकर बाते करना। 86. अपवना-सा मुंह लेकर रहना। 86. हिदायत देना। 86.वाक्-पटफता का पासा फेंकना। 86. सुसाईड करना। 87. छुटकारा पाना। 87. जाल में जकड़ना। 87. सुर में सुर मिलना। 87. मुंह बंध करना। 88. चटोरा बनना। 88. तसल्ली देना। 88. बौखला जाना। 89. टाल जाना। 89. अंधकार में रखना। 90. तुनककर बोलना। 90. शक करना। 91. सिर धुन कर रह जाना। 91. अवसर हाथ लगना। 91. भृकुटि तानना। 91. मौन धारण करना। 92. चुप्पी साधना। 92. भनक नहीं लगना। 92. आग में तिलतिलकर जलना। 92. खून कौ घूंट पीना। 92. मने से उतर जाना। 92. व्यंग्यबाण छोड़ना। 92. कराह उठना। 92. अनर्थ कर डालना। 92. हड़प जाना। 93. भुनाया जाना। 93. बात उड़ना। 94. जहर उगलाना। 94. सीने से लगाना। 94. मुंह फाड़कर

बोलना। 94. बड़प्पन दिखाना। 94. चहेंरा खिलान। 94. चिड़िया सी चहक रहना। 94. औरत की औरत नजर आना। 94. दांत पीसना। 95. हंसी तैर जाना। 95. बहाना बनाना। 95. हद से गुजरना। 95. छवि खराब करके रखना। 95. टका-सा जवाब देना। 95. अपनापन दिखाना। 95. दबदबा बनाए रखना। 95. भंवर-जाल से निकलना। 95. इश्कबाजी करना। 95. भाग-दौड़ करना। 95. पुरानों ठर्रे पर आना। 96. आंखे दिखाना। 96. तरस आना। 96. खुसर-फुसर चलना। 97. पानी सिर के उपर से बहना। 97. सख्ती दिखना। 97. गदगद हो जाना। 97. सिर फटना। 98. दलदल से निकालना। 98. पैरों के नीचे से जमीन निकल जाना। 98. चाल-चलन अच्छा नहीं होना। 98. भूत सवार होना। 98. बूते की बात न होना। 98. न्यौता देना। 100. तपाक से बोलना। 100. मुंह ताकना। 100. स्थिति अशोभनीय होना। 100. बदन टूटना। 100. आंख लग जाना। 101. तसल्ली देना। 102. आवारागीद करना। 102. दंग रह जाना। 102. सत्यनाश करना। 103. आक्रमण करना। 103. धूल-धूसरित करना। 103. चेहरे का रंग उड़ना। 104. सकपकाकर रहना। 105. डैक को बजाना। 106. मन-मसोसकर रहना। 106. दबोच देना। 107. संतुलन खो बैठना। 107. संबल प्रदान करना। 107. कसर नहीं छोड़ना। 107. तमतमा उठना। 108. भड़काना। 108. अप्रिय सत्य कहना। 108. हतासा में चलना। 109. दम घुटना। 109. आंखे फटी की फटी रहना। 111. जिद पर अडां रहना। 111. पैनी नौक से घायल करना। 113. दुराग्रह पालना। 113. पारदर्शी होना। 113. अनर्गल प्रलाप करना। 114. गड़बड़ हो जाना। 115. पीछा करना। 115. ठहाका लगाकर हंसना। 116. हाथ-धोकर पड़ना। 116. विचलित न होना। 117. कोसों दूर रहना। 117. परतें उतारना। 117. समेट लेना। रुख बदलना। 118. बहस छिड़ जाना। 118. उथल-पुथल मचना। 119. बातों में आना। 119. तय करना। 119. शालीनता से कहना। 120. बेहूदगी प्रकट करना। 120. धर्म वाहुक बनना। 121. राग में राग आलापना। 121. अलख जगाना। 121. बेकार की बातें करना। 121. कथनी और करनी में अंतर होना। 121. संसार से चले जाना। 121. हौसला अफजाई करना। 123. सांत्वना देना। 123. हिदायत देना। 124. दुनिया चले जाना। 124. घोर गरीब होना। 124. हाथ से निकल जाना। 124. कु-चक्र चलाना। 125. आंखे लगना। 125. नई चाल चलना। 125. कब्झा करना। 125. गले पड़ना। 125. अलार करना। 125. घिन आ जाना। 126. तसल्ली देना। 127. अंतिम संस्कार करना। 128. मुखागिन देना। 129. संवेदना प्रकट करना। 129. नाराजगी प्रकट करना। 129. अतिक्रमण करना।

130. उसूलों का टॅटना। 130. कुनमुनाहट को रूप लेना। 130. खौफ डोलना। 130. सौगात भेजना। 131. झूठा चित्रण करना। 132. चक्कर में फसना। 132. कंप-कंपी छूटना। 133. डपटकर चलना। 133. गुदगुदी हो उठना। 133. हाथ उठाना। 135. अनसुनी करना। 136. पलके भीगी होना। 136. राग अलापना। 138. गुमराह करना। 138. अटै पड़ना। 138. बात पर अड़े रहना। 139. विरोध प्रकट करना। 139. चहक उठना। 140. पुलकित होना। 140. तेज कदमों से चलना। 140 टकटकी लगाना। 140 आत्मीय ठंग से सुनाना। 141. अभिभूत हो जाना। 142. सांप सूंघ जाना। 143. आंखे फटी रहना। 143. सराबोर हो जाना। 143. नादानी करना। 144. अपना रंग दिखाना। 145. शुतु मुग्र की तरह देखना। 145. बड़बड़ा रहना। 145. भंगेड़ी समझना। 146. पासा फेंकना। 146. हंसी-ठिठोली करना। 146. मसखरा होना। 146. हट्टा-कटटा होना। 146. साफ शब्दों में कहना। 147. झपकियां लेना। 147. खटते-टूटते देखनां। 147. ठलुओं पड़े रहना। 148. नींद उचर जाना। 148. आपा खो बैठना। 148. चक्कर काटना। 149. सिर पर छतरी लगाना। 149. हंसी ठिटोली करना। 150. बगलें झांकना। 152. लीपापोती करना। 152. आफत खड़ी करना। 152. पीठ थपथपाना। 153. बधाई देना। 153. खिसक जाना। 154. कलाबाजी खाना। 155. पेट खराब हो जाना। 156. छू-मंतर होना। 157. कान खड़े होना। 158. दंग होकर रहना। 158. रोंगटे खड़े होना। 159. झूम उठना। 160. सीने से लगाना। 160. ठुमक रहना 160. इत्यादि।

Note : सूचित संख्या पृष्ठ क्रमांक सूचित करती हैं।

कहावतें

1. घर का जोगी झोगड़ा आन गाम का सिद्ध। –(पृ. 63)
2. लौट के बुद्धु घर को आए। –(पृ. 70)
3. तू कह न मेरी और मैं न कहूँ तेरी। –(पृ. 95)
4. असली चेहरे पर नकली पोज। –(पृ. 137)
5. अपनों का राशन और दूसरों को भाषण। –(पृ. 74)

उर्दू-फारसी एवं आंचलिक भाषा के शब्द

जिंदगी, परिणाम, बक्सा, सत्य, पुस्तक, कुर्सी, सड़क, फरकत, झाड़ू, पड़पते, तड़ातड़, कटरा-कटिया (पड्डा-पड़िया,) बोहत, नाएं, मातुए, मोय, जानके, डण्डा, गयौ, छोरा,

बददों, दीनौ, ठौर, दूंगौ, छोड़गौ, साले, अबे, टुम, मट, डेगा, कहिओं, काही, कूँ, तोय, आबत, ऑफिस, पतौ, रहतूए, फूलऊ, अंदरऊ, लौंडिया, साला, विवाह, हताश, आमदनी, बेजोड़ इत्यादि।

आत्मकथाकार अपने आत्मकथ्य के साथ अपने साथ घटित घटनाओं एवं समाज की किसी न किसी समस्या का चित्रण अवश्य करते हैं। इस आत्मकथा की कथा–संरचना इस प्रकार बुनी है। कि एक व्यक्ति का आत्मकथ्य होने पर भी बहुत ही विस्तृत फलक पर फैली हुई है। भाषा की दृष्टि से भी यह आत्मकथा सफल है। क्योंकि आत्मकथाकार सूरजपाल चौहानने भाषा को सजीव एवं सरल बनाने के लिए धारदार एवं चोटदार छः सौ से भी ज्यादा मुहावरों का प्रयोग किया है। साथ-साथ कहावतों का भी प्रयोग किया है। उसके साथ हिंदी के अलावा अंग्रेजी शब्दों का तथा आंचलिक भाषा के शब्दों का भी प्रयोग किया है। भाषा में और एक विशेषता यह है कि पात्रों के अनुरुप संवादों का प्रयोग किया गया है एक भी फिजूल संवाद नहीं है और हर एक पात्र के साथ भाषा का स्तर बदला हुआ है जिससे आत्मकथा अपनी अलग छाप छोड़ जाती है।

'संतप्त' में आत्मकथाकार सूरजपाल चौहार के संताप की कथा है तथा उनके पिता के जीवन भर रोने और अंत में पारिवारिक दुःख से मरजाने की भी कथा है। यदि हम कह सकते हैं कि– आत्मकथाकार ने अपनी पहली आत्मकथा (तिरस्कृत) की तुलना में 'संतप्त' में कुछ प्रसंगों में दिल खोलकर लिखा है। तिरस्कृत में ऐसा न कर पाने का प्रमुख कारण था कि–उस समय लिखने का साहस नहीं होना। किंतु 'सतप्त' में इसके बारे में कई जगह दिल खोलकर अपनी कलम को सच्चा न्याय दिया है। जैसे कि विमला-जय का प्रसंग में कथाकार ओमप्रकाश वाल्मीकि की मनाही, मधुर का छोटी होना। 'संतप्त' में सूरजपालने खुलकर लिखने के औचित्य रुप में मधुर के बड़ी और समझदार होने के साथ साक्षात्कार लेने वालों की शंका-कुशंका से छुड़ाना आदि बताया गया है। तिरस्कृत में इन प्रसंगों पर खुलकर लिखने में स्वयं सूरजपाल की पारंपरिक और आधुनिक मध्यमवर्गीय नैतिकता आड़े आ रही थी। लेकिन 'संतप्त' में जहाँ-तहाँ यह दुस्साहस की उस हद को छूता है, जहाँ लेखन में किसी प्रकार की नैतिकता की आड़ लेना लगभग बेईमानी है। हिंदी की दलित आत्मकथाओं में 'संतप्त' के प्रकाशन से नए दलित लेखकों को लेखन की ओर साहस करने की शक्ति बढ़ी है।

आधुनिक भारत के मध्यमवर्गीय स्वर्ण और दलित समाज में अपने और अपनों के विवाहेत्तर प्रेम-सेक्स संबंध दिखाई देता है। सूरजपालने भी तिरस्कृत

से आगे बढ़कर 'संतप्त' को कई तरह बलात्कार, नाजायज, अप्राकृतिक, विकृत, बाजारु आदि के सेक्स संबंधों के एक को छोड़कर, उन्हें चटाखेदार स्वाद से बचाते हुए उद्घाटन तक ले गए है। सभी प्रकार के सेक्स संबंधों पर सामाजिक मर्यादा के नाम पर ढांक-तोप करने वाली स्वर्ण-दलित आत्मकथाओं के खिलाफ यह हिंदी दलित आत्मकथाओं में सबसे श्रेष्ठ आत्मकथा है।

आत्मकथाकार सूरजपाल चौहान ने अपनी आत्मकथा में आत्मविश्लेषण बड़ी नैतिकता से प्रस्तुत किया है। खास तौर पर माँ और मैं वाले प्रसंग, जय की शादी, गाँव में यदा-कदा वापसी और धर्मवीर संबंधी अपनी गलतफहमी में।

डॉ. दयाशंकर त्रिपाठी ने अपने लेख में लिखा हैं कि– 'तिरस्कृत' में सूरजपालने निजी दांपत्य के सकारात्मक कम नकारात्मक ज्यादा दोनों पक्षों का उद्घाटन किया था, लेकिन 'संतप्त' सिर्फ उसके कालेपक्ष की कथा है।''[19]

इस विषय में आत्मकथाकार ने बताया है कि जब भानु-मधुर छोटे थे तब भी विमला कभी-कभार गैर जिम्मेदाराना हरकतें किया ही करती थी। लेकिन यह बात अकारण और एक तरफा कतई न रही होंगी। आत्मकथाकार और विमला के बीच आरंभ से ही कुछ-न-कुछ बातें के लिए विवाद होता ही था। कभी-कभी सूरजपाल विमला को मनाने-लाने जाते थे और विमला कुछ दिनों के बाद मायके से सूरजपाल के पास लौट आती थी। सूरजपाल के पास विमला के लौटने के पीछे लगाव, विश्वास जरुरत के सिवा कुछ उसकी निजी विवशताएँ थी कि शादी के बाद पति का घर ही स्त्री का घर और उसका कोई स्वतंत्र आर्थिक आधार न था। लेकिन जय प्रकाश का संबंध सूरजपाल और विमला के दांपत्यजीवन के विच्छेद का एक प्रमुख कारण बना।

आत्मकथाकार को चारों ओर से संताप-संताप ही सहना पड़ता है। घर हो या ऑफिस। सभी जगह किसी-न-किसी बात से आत्मकथाकार के साथ मनमुटाव होता रहता है। जातिगत भेद के कारण श्रीमती रमा शर्मा के साथ का व्यवहार बदल जाना और फिर धवन साहब से सवर्ण, समाज की असलीयत तक पहुँच जाना आत्मकथाकार के लिए आश्चर्य डाल देता है कि श्रीमती रमा शर्मा जैसी औरत बाजार में पर पुरुषों के साथ शारीरिक संबंध रखकर अपनी कामवासना का संतोष प्राप्त करती हैं। संतों ताई और रुसी मेम का चरित्र भी इसी रास्ते से अलग नही है।

आत्मकथाकार ने चमार और भंगी के बीच की भेदनीति को स्पष्ट किया है उसके अलावा साहित्यिक जगत में भी दलितों में भी जातिगत भेदभाव को

भी दिखाया है। वैसे तो सूरजपाल दिल्ली जैसे महानगर में रहने के कारण आधुनिक हो गए थे। किंतु वे अपने भीतरी मनोलोक में अभी पुराने जरुर लगते थे।

आत्मकथा में पंडित हरचरन का साइकिल प्रसंग-भंगी भेद की अमानवीयता की मिशाल है। लेकिन बयालीस साल बाद गाड़ीवाला सूरजपाल की मनुष्यता उनकी भंगी जाति से भी बड़ी हो जाती है और वह उनकी यथावश्यक मदद भी करते हैं।

पिता की जीवन नियति से बद्ध बालक सूरजपाल की जीवन नियति और विड़ंबना का अत्यंत मर्मबेधक यथार्थ चित्रण आत्मकथाकार सूरजपालने किया है। भूख-चोरी-डर के आपसी संबंध का भूख से भूख को काट का, डर से डर के तनाव और द्वंद्व का, घर और स्कूल के काम के बीच, दबाव और चुनाव का और इनके बीच दबी-कुचली लेकिन अवस्थानुरूप सिर उठाती बाल आकांक्षाओं और चेष्ठाओं का बड़ा अत्यन्त हदय बेधक चित्रण 'सतप्त' में है।

आत्मकथा में रोचकता, कुतूहलता, सजीवता, उत्सुकता आदि के कारण पाठकों के लिए हिंदी साहित्य के अन्य दलित आत्मकथाओं में उसे अधिक लोकप्रियता प्रदान करा सकी है। सूरजपाल की आत्मकथा की प्रशंसा करते हुए प्रो. काशीनाथ सिंह ने भूमिका में लिखा है कि–

''मैंने 'संतप्त' को इस तरह पढ़ा जैसे यह किसी जाने-पहचाने व्यक्ति की आत्मकथा नहीं, उपन्यास हों। बेहद दिलचस्प लेकिन बेधक, मार्मिक चरित्र, एक भंगी का बच्चा जो जाने कितनी कीचड़ भरी बदबूदार गलियों से गुजरते हुए अंबेड़करवादी और कथाकार सूरजपाल बनता है।''[20]

कमलेश्वर ने भी 'संतप्त' के बारे में लिखा है। कि–''हंस अप्रैल 2005 अंक में 'संतप्त' जो कहा नहीं गया अंशों को पढ़ा। जितनी सहजता से सूरजपाल चौहन त्रासपूर्ण बात कह देते है, वह सहजता उसे और त्रासद बना देती है। जीवन का 'संतप्त' खण्ड भी दस्तावेजी होगा, पूरा विश्वास है।''[21]

प्रदीप कुमार ने भी 'संतप्त' के अंश को पढकर लिखा है, कि ''संतप्त का एक अंश को पढ़कर मैं कह सकता हूँ कि यह कालजयी रचना बनेगी। हिंदी साहित्य में असाधारण बौद्धिक पौरुष वाली शायद पहली आत्मकथा।''22

सूरजपाल की आत्मकथा की लोक प्रियता और सफलता का बहुत कुछ श्रेय उनकी सटीक, सहजी सीधी और मुहावरें दार भाषा और शैली को है। हिंदी की दलित आत्मकथा पर जितना प्रभाव सूरजपालजी ने छोड़ा है उतना प्रभाव अन्य किसी दलित आत्मकथाकार ने नहीं छोड़ा– जो कि उनकी आत्मकथा से स्पष्ट हो जाता है।

हिंदी दलित साहित्य में लोक प्रिय लेखक के रुप में 'चौहनजी' की बड़ी उपलब्धि समझी जाती हैं। इनकी भाषा सीधी, सरल, साधारण और लोक प्रसिद्ध होने के कारण समस्त लोग उसमें अपनी रुचि रखते है। अतः इस कारण उनका हिंदी दलित साहित्यकार के रुप में विशिष्ट स्थान बन पाया है।

'संतप्त' की भाषा अत्यंत रोचक और संप्रेषणीय है। इसके कारण पाठकों की रुचि अंत तक पढ़ने में बनी रहती है। आत्मकथा का कथ्य और शिल्प पक्ष भी बहुत सशक्त और भाववाही है। इस में अंग्रेजी एवं आंचलिक भाषा के शब्दों का बखूबी प्रयोग किया है। भाषा को जीवंत बनाने के लिए मुहावरें, लोकोक्तियों का प्रयोग किया गया है। इसकी संवाद-योजना में विविधता मौजूद है। वे पाठक पर अपना गहरा असर डालते हैं।

डॉ. दयाशंकर ने अपने लेख 'तिरस्कृत से संतप्त की जद में' में बताया है कि–"तिरस्कृत से संतप्त तक जीवन की बीहड और क्रूर यात्रा एक भुखमरी से दूसरी भुखमरी, एक पीड़ा से दूसरी पीड़ा, एक लोभ से दूसरे लोभ एक विस्थापन और निर्वासन दूसरे विस्थापन-निर्वासन की यात्रा तो है ही। यह एक सूरजपाल और विमला से दूसरे सूरजपाल और विमला कीं भी जीवन यात्रा है। तिरस्कृत में सूरजपाल की जीवन यात्रा पेट की भुखमरी, दुर्दम जिजीविषा, आत्महंता, खुद्दारी से होते हुए संतप्त में मध्यवर्गीय पारिवारिक मर्यादा, सामाजिक प्रतिष्ठा की भुखमरी, आत्महंता और दुर्दम जिजीविषा तक पहुंचती है।...इसी पूरी यात्रा में सूरजपाल तिरस्कृत, आत्मपीड़ित और संतप्त होते हैं। तिरस्कृत और संतप्त दोनों आत्मकथाओं में उनके जीवन का प्रतिनिधिक कटु यथार्थ सामाजिक भेदभाव और पारिवारिक विखण्डन की पीड़ा है।"[23]

'संतप्त' में भूख, गरीबी, घर-स्कूल, काम, डर, के बीच दबे-कुचले बालक सूरजपाल की वयानुरूप कुछ स्वाभाविक आकांक्षाएँ और चेष्टाएँ जिंदा रह गयी थी जिन्हें आत्मकथाकार ने सिदत के साथ पकड़ा और चित्रित किया है। इन प्रसंगों को पढ़कर ऐसा लगता ही नहीं कि आत्मकथाकार को आज के बिन्दु पर इन्हें दुबारा जीवित करना पड़ा है।

अतः 'संतप्त' में आत्मकथाकार का दुःसाहस बड़ा है परिणाम स्वरुप यह आत्मकथा हिंदी की अन्य दलित आत्मकथाओं में बेबाक् बेजोड़ और बोल्ड़ आत्मकथा का रूप प्राप्त कर चुकी है। 'तिरस्कृत' और 'संतप्त' एक ही आत्मकथाकार की ऐसी दो आत्मकथाएँ हैं जिसमें कुछ भी छिपाया नहीं गया है। दलित आत्मकथाओं से एक बात पूरी तरह स्पष्ट हुई है कि दलितों की सारी समस्याओं

में मूल में जाति है। जाति एक ऐसा दैत्य है जो दलितों के हर रास्ते में आंतकपूर्ण अवरोध बनकर खड़ा है। सम्मान की तो बात बहुत दूर की है दलितों के प्रति सद्भावनापूर्ण व्यवहार भी समाज नहीं अपनाता है। फिर भी दलित आत्मकथा में दलित चिंतन, कलम एक ऐसा तराजू है जिसमें दूध का दूध और पानी का पानी करने की शक्ति एवं शैली भी है, जो सूरजपाल चौहानजी की आत्मकथा में स्पष्ट दिखाई देती है।

संदर्भ

संतप्त का शिल्प पक्ष

1. संतप्त की भूमिका-प्रो. काशीनाथ सिंह पृ. 10-11
2. संतप्त-सूरजपाल चौहान पृ. 24
3. संतप्त-सूरजपाल चौहान पृ. 25
4. संतप्त-सूरजपाल चौहान पृ. 31
5. संतप्त-सूरजपाल चौहान पृ. 34
6. संतप्त-सूरजपाल चौहान पृ. 39
7. संतप्त-सूरजपाल चौहान पृ. 50-51
8. संतप्त-सूरजपाल चौहान पृ. 50,51,52,54,56
9. संतप्त-सूरजपाल चौहान पृ. 63,64
10. संतप्त-सूरजपाल चौहान पृ. 73, 74
11. संतप्त-सूरजपाल चौहान पृ. 81
12. संतप्त-सूरजपाल चौहान पृ. 118
13. संतप्त-सूरजपाल चौहान पृ. 133-134
14. संतप्त-सूरजपाल चौहान पृ. 139,140
15. संतप्त-सूरजपाल चौहान पृ. 60
16. संतप्त-सूरजपाल चौहान पृ. 23
17. संतप्त-सूरजपाल चौहान पृ. 43
18. संतप्त-सूरजपाल चौहान पृ. 105
19. सूरजपाल की दो आत्मकथाएं : 'तिरस्कृत से 'संतप्त' की जद में–दयाशंकर : पृ. 11
20. संतप्त की भूमिका–प्रो. काशीनाथ सिंह : पृ.10
21. संतप्त फ्लेप- कमलेश्वर, नई दिल्ली।
22. संतप्त फलेप- प्रदीपकुमार, सं. दैनिक भास्कर, रायपुर।
23. 'तिरस्कृत' से 'संतप्त' की जद में–प्रो. दयाशंकर–पृ. 23

❑

परिशिष्ट

संदर्भ ग्रंथ-सूची

मूल ग्रंथ

1. तिरस्कृत- सूरजपाल चौहान- प्र. सं. 2002, अनुभव प्रकाशन, जालपतनगर, गाजियाबाद (उत्तरप्रदेश)
2. संतप्त-सूरजपाल चौहान–प्र.सं. 2006
   वाणी प्रकाशन, 21-ए, दरियागंज, नई दिल्ली–110002

सहायक ग्रंथ

1. आधुनिक हिंदी गद्य साहित्य–डॉ. हरदयाल
2. हिंदी वाङ्गमय बीसवीं सदी–डॉ. नगेंद्र
3. Master Works Of Autobiography-Richard D. Mailery
4. हिंदी का गद्य-साहित्य–डॉ. रामचन्द्र तिवारी
5. बच्चन निकष पर–डॉ. रमेशगुप्त
6. समीक्षा–विष्णुकांत शास्त्री
7. समकालीन दलित साहित्यः एक अध्ययन–डॉ. जीतु मकवाणा
8. दलित आत्मकथा : विशेष संदर्भ–तिरस्कृत–सं. सूरजपाल चौहान

पत्र-पत्रिकाएँ

1. पल-प्रतिपल–सं. देशनिर्मोही
2. युद्धरत- आमआदमी–सं. रमणिका गुप्ता
3. नया मानदण्ड–सं. जयप्रकाश कर्दम

4. वसुधा-सं. डॉ. कमला प्रसाद पाण्डेय
5. शोधार्णव–सं. डॉ. रामस्वरुप खरे
6. रचनाकर्म–सं.डॉ. मायाप्रकाश पाण्डेय
7. मूकवक्ता–सं. मूलचंद
8. समकालीन भारतीय साहित्य–साहित्य अकादमी, नई दिल्ली।
9. मधुस्यंदी–सं. डॉ. असीम मधुपुरी

❑❑❑